LEÇONS POPULAIRES

D'ÉCONOMIE POLITIQUE

A L'USAGE

DES ÉCOLES ET DES FAMILLES

PAR

M. CHAUMEIL

INSPECTEUR PRIMAIRE A PARIS OFFICIER DE L'INSTRUCTION PUBLIQUE

PARIS

LIBRAIRIE CLASSIQUE D'EUGÈNE BELIN

RUE DE VAUGIRARD, N° 52

—

1881

LEÇONS POPULAIRES

D'ÉCONOMIE POLITIQUE

LEÇONS POPULAIRES

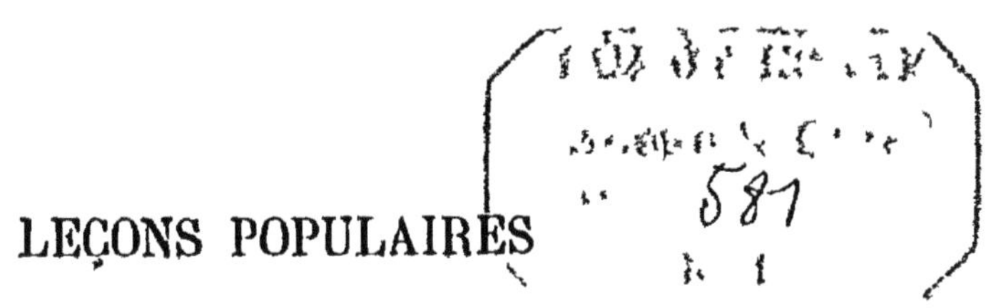

D'ÉCONOMIE POLITIQUE

A L'USAGE

DES ECOLES ET DES FAMILLES

PAR

M. CHAUMEIL

INSPECTEUR PRIMAIRE A PARIS, OFFICIER DE L'INSTRUCTION PUBLIQUE

PARIS

LIBRAIRIE CLASSIQUE D'EUGÈNE BELIN

RUE DE VAUGIRARD, N° 52

—

1881

Tout exemplaire de cet ouvrage non revêtu de ma griffe sera
réputé contrefait.

SAINT-CLOUD — IMPRIMERIE DE Mme V^e LUC BELIN.

LEÇONS POPULAIRES

D'ÉCONOMIE POLITIQUE

PREMIÈRE LEÇON

Notions préliminaires.

Il peut sembler téméraire de vouloir initier les
ouvriers et les enfants des écoles primaires à la
connaissance des lois et des faits essentiels de l'économie politique. Nous avons souvent peur des mots,
des dénominations scientifiques, et nous repoussons
des vérités utiles à cause de la sévérité de leur
physionomie. Approchons-nous de ces vérités, nous
les trouverons aimables dans leur gravité, et bientôt
l'habitude nous les rendra familières.

L'économie politique, dans les limites restreintes
que nous nous sommes posées, est la recherche des
moyens de rendre l'activité de chacun utile à tous,
de remédier à l'infirmité native de l'homme par le

développement de son esprit d'industrie, de mettre à profit toutes les aptitudes par la division du travail, d'établir la paix et la concorde par la solidarité des intérêts.

L'homme, en poursuivant le bonheur qui lui échappe toujours, trouve quelquefois le bien-être comme récompense de son activité, de sa prévoyance, de sa bonne conduite; il ne doit pas repousser cet avantage. Le bien-être consiste dans la possession des choses nécessaires à l'entretien et à l'agrément de la vie. L'économie politique indique aux individus et aux sociétés la voie à suivre pour arriver au bien-être; c'est une science humanitaire. Elle démontre que le profit de l'un n'est pas la perte de l'autre; qu'au contraire personne n'acquiert des richesses pour son seul avantage; que la production au-delà des besoins du producteur constitue une réserve dont tout le monde profite : c'est donc aussi une science morale et sociale.

On a défini l'économie politique la *science des richesses*. C'en était assez pour alarmer certains moralistes austères, qui font consister la vertu dans le mépris des richesses. Une simple confusion de mots donnait lieu à ces vaines alarmes. En morale, richesse signifie superflu, fortune. En ce sens la richesse n'est pas indispensable, et on a raison de vanter la modération des désirs, Mais, en économie politique, le mot *richesse* est employé pour désigner tout ce qui est utile à la satisfaction de nos besoins physiques, moraux et intellectuels. Un pain pris chez le boulanger est de la richesse ; un bon livre est de la richesse ; un vêtement, un meuble, sont de la richesse, Il y a de la richesse dans la famille la plus pauvre, mais pas en rapport avec les besoins. Lorsque la richesse égale les besoins, c'est l'*aisance ;* si elle les dépasse, c'est la *fortune.*

La *valeur*, c'est le prix qu'on attache aux choses, selon le besoin ou le désir que l'on en a, selon la difficulté de se les procurer.

La valeur suppose l'*utilité* et la *limitation.* L'*utilité* dépend des lieux, des habitudes de la population, de la mode. Les vêtements chauds, les traineaux sont inutiles dans la zone torride, et les éventails dans la zone glaciale. Sans la mode, les bagues, les boucles d'oreilles n'auraient aucune utilité. L'air, l'eau, la lumière et la chaleur solaires sont non seulement utiles, mais d'une nécessité absolue. Ils n'ont cependant pas de valeur vénale ou d'*échange*, parce qu'ils sont en quantité indéfinie, à la disposition de tout le monde et parce qu'on se les procure sans effort. L'effort, c'est-à-dire le travail nécessaire pour se procurer les choses utiles ou agréables, est le principal élément de la valeur. On dit avec raison que le travail est la source de la richesse.

L'eau qui tombe du ciel, qui découle des sources ne coûte rien ; mais si on est obligé de l'amener de loin dans une ville, de la faire monter à tous les étages d'une maison, elle se paye. Il y a eu des frais, du travail, et par conséquent acquisition de valeur sans augmentation d'utilité. Pendant le jour, la lumière ne coûte rien ; elle n'a pas de valeur échangeable. Pour obtenir, la nuit, un éclairage médiocre, il faut de la bougie, de l'huile ou du gaz ; il y a des frais, c'est-à-dire du travail pour fabriquer les bougies, pour extraire l'huile des graines, pour obtenir le gaz par la distillation de la houille. La lumière artificielle n'est donc pas gratuite comme la lumière naturelle ; elle a une valeur d'échange.

Valeur n'est pas synonyme de *richesse*. La richesse est diminuée lors d'une mauvaise récolte ; à cette diminution correspond une augmentation du prix du blé, un accroissement de *valeur* échangeable. Le phylloxéra a détruit d'immenses richesses dans les pays vignobles ; le prix du vin augmente en proportion de sa rareté. La disette produit une augmentation de valeur vénale, et l'abondance, une diminution. La valeur des choses dépend des besoins ou des désirs à satisfaire ; elle s'élève ou s'abaisse, selon l'*offre* et la *demande*. Si la marchandise est abondante en présence de rares acheteurs, il y a baisse de prix ; si les acheteurs sont nombreux et les vendeurs peu approvisionnés, il y a hausse. Mais l'équilibre tend à s'établir ; la hausse des prix active la production et la baisse la ralentit. La valeur normale des choses, c'est-à-dire la moyenne entre les fluctuations de hausse et de baisse provenant de la disproportion entre l'offre et la demande, repose sur les frais de production augmentés d'un bénéfice raisonnable pour le producteur. Une industrie qui ne donnerait pas de bénéfices serait vite abandonnée ; les bénéfices considérables appellent la concurrence.

Le principe de l'activité, c'est le besoin. Les besoins grandissent avec les moyens de les satisfaire. Les désirs n'ont pas de limite ; ils poussent les personnes les mieux douées à produire au-delà de leur nécessaire. Ce surcroît de production est profitable aux faibles, qui ne sauraient se suffire. Il constitue une ressource pour les temps malheureux, pour les besoins extraordinaires. La richesse des uns rend le travail des autres plus facile et plus fructueux. L'aisance augmente, le bien-être se généralise, les mœurs s'adoucissent ; l'âpre lutte pour la vie se transforme en rapports de bienveillance mutuelle, et l'esprit de solidarité succède à l'esprit d'antagonisme.

Les sources de la production sont le travail et le capital ; la propriété en est la garantie.

Nous parlerons successivement du travail, du capital, de la propriété, de la distribution et de la consommation des richesses.

DEUXIÈME LEÇON

Le travail.

L'homme est né pour travailler. Il doit travailler pour pourvoir à ses besoins physiques; il doit travailler pour perfectionner sa nature morale.

La terre, qui recèle toutes les richesses, ne les livre qu'au prix de l'effort; la science ne sourit qu'aux vaillants : le progrès n'est que la persévérance dans la recherche active du bien et du beau.

Le travail n'est pas une opération purement matérielle ; c'est toujours, au contraire, la traduction, la réalisation d'une pensée. Le sauvage, qui vit de la chasse ou de la pêche, obéit à une pensée lorsqu'il s'arme de filets, d'arcs et de flèches, lorsqu'il se dirige vers le fleuve ou vers la forêt. Le laboureur qui sème son grain pour ne récolter que six mois plus tard, qui sait choisir le temps le plus propice et le terrain le plus convenable, qui calcule les chances favorables et défavorables, fait une opération plus intellectuelle que matérielle. Tout travail est noble, parce qu'il répond à l'incitation de l'âme, en vue de la satisfaction d'un besoin ou de l'accomplissement d'un devoir.

L'homme a été formé pour le travail intelligent. Il n'est doué que d'une force musculaire médiocre ; il n'est pas naturellement défendu contre l'intempérie des saisons ; il est désarmé pour combattre ses ennemis. Mais il a un instrument merveilleux : la main, au service de sa merveilleuse intelligence. Il construit sans cesse de nouveaux instruments qui multiplient sa force presque indéfiniment ; il transforme la matière par son industrie et l'approprie à ses besoins ; il soumet en quelque sorte la nature à sa puissance et la fait servir à l'accomplissement de sa destinée.

Nous parlons de l'homme réuni en société ; car l'homme isolé pourrait à peine soutenir misérablement son existence. Il ne ferait aucun progrès et ne s'élèverait guère au-dessus des instincts brutaux. La terre ne produit rien sans culture ; les fruits sauvages n'ont que de faibles qualités nutritives ; beaucoup d'animaux sont des ennemis redoutables pour l'homme isolé et désarmé ; les plus faibles lui échappent par la rapidité du vol ou de la course. La pêche demande des engins que l'homme isolé, toujours pressé par le besoin, n'inventerait pas. La vie pastorale constitue déjà un état de civilisation. Nous trouvons encore dans quelques contrées reculées l'homme à l'état sauvage ; mais les sauvages sont réunis en tribus et vivent en société.

Etudier l'homme, ses aptitudes et ses besoins dans l'isolement absolu, c'est sortir de la nature et s'éloigner de la vérité.

Nous le verrons toujours dans son cadre obligé, la société plus ou moins étendue, mais donnant toujours lieu à un échange de services profitables à tous.

Dans la société la plus restreinte, la plus rudimentaire, il y a des forts et des faibles, des esprits actifs et des intelligences lentes. La distribution des fonctions s'opère fatalement. Aux hommes robustes, les travaux qui demandent beaucoup de vigueur et d'agilité ; à ceux qui sont adroits et ingénieux, la fabrication des instruments de travail, des objets d'agrément ; aux femmes, les soins de la famille, la préparation des aliments.

Les besoins sont d'abord très limités : *vivre et se couvrir*. Mais à mesure que la subsistance devient plus facile par le perfectionnement des instruments de travail et l'habileté acquise dans chaque branche de l'activité humaine, les mœurs s'adoucissent, le beau se révèle, l'intelligence réclame sa part de jouissance ; en un mot, la civilisation est la conséquence du développement du travail et de la richesse.

Le travail de l'homme n'est pas une création, mais une transformation, une appropriation des richesses naturelles à ses besoins physiques et intellectuels. L'homme ne créé ni la pierre, ni le marbre, ni l'or, ni le fer plus utile que l'or ; mais avec la pierre et le marbre, il construit des maisons, des palais et des temples · il les embellit avec l'or arraché aux entrailles de la terre. Le fer, qui entre dans tous les instruments de travail, dans le simple soc de charrue comme dans les organes des machines les plus compliquées, n'est généralement à l'état natif qu'une pierre rougeâtre sans utilité. Il a fallu deviner la présence du fer dans ce minerai ; trouver les moyens de l'extraire pour l'utiliser ; le transformer ensuite en outils ou en machines. La nature donne le minerai, l'intelligence de l'homme découvre le métal et en applique les propriétés aux besoins de son industrie. C'est surtout dans les forges, dans les usines que le travail de l'homme paraît gigantesque. La manifestation des forces matérielles nous étonne d'abord ;

mais nous voyons bientôt que tout est mis en mouvement par l'intelligence de l'homme, que la matière obéit à l'esprit.

L'eau est une force redoutable; elle détruit tous les obstacles qui la gênent dans son cours; elle dévaste quelquefois les vallées qu'elle a longtemps fécondées. Mais l'homme a su la diriger, augmenter son action fertilisante en la distribuant convenablement, prévenir ses dévastations par des travaux d'endiguement; l'employer comme force motrice dans les moulins et autres usines. Il a su découvrir et utiliser la force expansive de la vapeur d'eau. Le travail obtenu par les machines à vapeur de toutes sortes est immense; il dépasse de beaucoup tout le travail qu'il serait possible d'obtenir d'une population terrestre double. L'homme a soumis les forces naturelles par son intelligence; la matière est son esclave docile : la science, c'est-à-dire le travail intellectuel, a émancipé l'humanité.

La terre qui se couvre de riches moissons serait improductive et inhabitable sans le travail de l'homme. Les terrains les plus fertiles, situés dans les bas fonds, noyés dans des eaux croupissantes, ne seraient que des marais pestilentiels; les coteaux couverts de riches vignobles, que des terrains arides sans végétation; les forêts impénétrables, que des repaires d'animaux nuisibles. Le travail a tout transformé, tout approprié à nos besoins, tout embelli. Si ce n'est pas une création, c'est une utilisation indispensable sans laquelle il n'y aurait pas de véritable richesse.

On a divisé à tort le travail en travail productif et travail improductif. Le travail, l'effort utile est toujours productif, qu'il se traduise dans le domaine de la pensée ou de la matière; seulement les effets ne s'en manifestent pas de la même manière. Un ébéniste fabrique un meuble; la valeur échangeable en est palpable ; après avoir payé les matières premières, l'ébéniste aura un bénéfice pour sa peine et son habileté : c'est un travail productif. Un médecin donne ses soins à un malade, le rend à la santé; le résultat obtenu ne paraît pas d'abord une valeur échangeable. Mais en examinant les choses de plus près, on verra que le médecin a rendu au malade sa puissance de travail; ce travail sera appliqué à la production, et en réalité cette production découlera des soins intelligents donnés à ce producteur impuissant par le médecin. Les magistrats qui rendent la justice ou qui maintiennent l'ordre dans la société sont de puissants agents de production. Sans l'ordre et la justice, qui garantissent au travailleur la liberté et le fruit du travail, il n'y aurait pas de production. Les hommes qui se vouent à l'enseignement augmentent les forces morales et intellectuelles de la jeunesse ; ces forces appliquées à la production rendront la génération qui s'élève plus prospère et plus heureuse. Le travail de l'école est comparable à celui du laboureur qui sème son grain pour récolter au centuple lorsque le temps de la moisson sera venu. Le savant, dans les méditations de son cabinet, prépare les découvertes qui améliorent la condition de l'humanité.

Le simple valet, qui ménage le temps de son maître en lui épargnant mille petits soins, fait indirectement un travail productif. Un homme ne peut vaquer à deux occupations à la fois. Il ne peut combiner de grandes affaires, les suivre, les diriger et s'employer en même temps à certains détails domestiques. Les personnes qui le remplacent pour ces détails, ont une part dans son œuvre, et leur travail est plus utile que si, avec leurs faibles ressources intellectuelles et matérielles, elles s'étaient appliquées à produire directement de la richesse.

Il n'y a pas deux classes de travailleurs ; le travail et les instruments de travail seuls sont différents.

TROISIÈME LEÇON

Division du travail.

Si chacun de nous était obligé de produire tout ce qui lui est nécessaire, la condition de tous serait absolument misérable. Voyons combien de personnes, combien d'industries concourent à la nourriture et à l'habillement du plus pauvre élève d'une école primaire. Le morceau de pain qu'il mange a été fabriqué par le boulanger, avec de la farine qui vient du blé. Il a fallu un meunier et une usine appelé moulin pour réduire le blé en farine. Le blé a été obtenu par le travail du cultivateur, facilité par un attelage de bœufs et des instruments agricoles. Les bœufs supposent des éleveurs et des bergers; les instruments agricoles, des charrons et des forgerons. Le fer employé dans les instruments agricoles a été extrait d'un minerai arraché des entrailles de la terre par des mineurs, purifié et affiné dans les hauts fourneaux et les forges par des ouvriers spéciaux. La viande, le beurre et le fromage rappellent le matériel et le personnel d'une ferme, celui d'une laiterie et d'une boucherie. Le sel, qui relève la saveur des aliments, a été demandé aux eaux de la mer. Le sucre qui rend agréable une boisson bienfaisante ou qui corrige l'amertume d'une substance nutritive, nous vient des colonies.

C'est aussi de contrées lointaines, de l'Amérique principalement, que nous arrive le coton. La blouse et la chemise de notre écolier sont en coton. La plante qui fournit cette précieuse matière textile ne vient pas sans culture; il faut des ouvriers pour cueillir et nettoyer le coton; il faut des navires pour le transporter en Europe. Les navires coûtent fort cher, et leur construction exige des ingénieurs et des ouvriers très habiles; il faut des matelots pour manœuvrer le navire, un capitaine instruit pour le diriger dans une route incertaine pour le regard perdu dans l'immensité du ciel et de la mer; il faut au capitaine des cartes et des intruments de précision pour se reconnaître dans cette double immensité. Avant de devenir vêtement, le coton doit être filé, tissé, teint, taillé et cousu.

Un grand nombre d'ouvriers et de machines sont mis en mouvement pour ces diverses opérations.

Le pantalon de drap est fabriqué avec la laine des moutons qui subit une série d'opérations analogues.

Les souliers sont fabriqués avec du cuir; le cuir provient de la peau du bœuf ou du veau soumise au tannage, longue et difficile préparation. Le berger, le tanneur, le cordonnier, le cloutier, ont donc travaillé à cette modeste paire de souliers, et nous ne comptons ni le fil, ni la poix, ni le cirage ni les outils du cordonnier.

Nous passons sur les autres parties de l'habillement; l'énumération est déjà bien longue et plus que suffisante pour nous donner une idée de la division du travail et des services incalculables qu'elle nous rend.

L'homme ne pourrait pas être à la fois cultivateur, meunier, boulanger, charron, forgeron, mineur, navigateur, tisserand, tailleur, tanneur, cordonnier, maçon, charpentier. Dans l'isolement, il ne pourrait même pas se fabriquer les outils, les instruments de travail et de défense indispensables; il serait désarmé devant la faim, devant le froid, devant tous les animaux féroces, devant toutes les causes de destruction. *L'état naturel de l'homme, c'est la société; la division des fonctions constitue le lien social et*

...devient en se perfectionnant, la source de tous les progrès.

L'application continue de la pensée à un même objet donne à l'esprit une pénétration spéciale extraordinaire; l'habitude des mêmes mouvements, une habileté surprenante à la main. Pour que chacun rende à tous la plus grande somme de services possible, il faut qu'il soit employé à un travail unique, en rapport avec ses aptitudes, ses goûts, son éducation. L'éducation ne devrait pas contrarier les goûts prononcés, les aptitudes manifestes physiques ou morales. Un bon cultivateur ferait peut-être un mauvais commerçant; un bon tisserand, un mauvais maçon; un habile médecin, un médiocre avocat. C'est une perte pour la société, lorsqu'un de ses membres n'est pas à sa place; il y aurait malaise social si trop de personnes se portaient vers la même profession ou la même fonction; l'usurpation des fonctions difficiles par les incapables constituerait un désordre et un danger.

Le degré de la civilisation d'un pays peut se mesurer à la multiplicité des fonctions, à la plus ou moins grande division du travail. Dans les campagnes reculées, le charpentier est en même temps menuisier et ébéniste. Passant successivement d'un travail à un autre, il n'est habile dans aucun. Ses charpentes manquent de hardiesse ou sont mal équilibrées ; ses boiseries de portes et fenêtres ne joignent pas bien et n'ont rien d'agréable ; ses meubles sont grossiers et incommodes. Dans les villes, le charpentier n'est que charpentier, le menuisier que menuisier, l'ébéniste qu'ébéniste ; chacun fait mieux son travail spécial et dans de meilleures conditions.

Les artisans des communes rurales se trouvaient autrefois, il faut le dire, dans l'impossiblité de procéder autrement ; ils n'auraient pas été occupés toute l'année à faire une seule sorte d'ouvrage. Aujourd'hui la facilité des communications rapproche l'habile artisan du cultivateur aisé, au grand avantage de l'un et de l'autre.

La division du travail ne sera jamais absolue pour les ouvriers agricoles, qui voient leurs occupations varier avec les saisons ; ils ne peuvent être exclusivement laboureurs, semeurs, faucheurs et moissonneurs. Au village, on voit souvent l'épicier vendre de la quincaillerie, de la mercerie et des fournitures de bureaux ; la vente d'un seul article ne le défrayerait pas de son temps et de sa peine.

Dans les villes importantes, les spécialités commerciales et industrielles trouvent un marché suffisant ; l'étendue du marché est une condition de la division du travail. Ce n'est pas tout en effet, de produire ; il faut pouvoir écouler facilement ses produits et ses marchandises. Un industriel qui se borne à la fabrication d'un seul article perfectionne sans cesse son outillage et arrive à obtenir de ses ouvriers, un travail plus soigné et plus rapide ; mais il faut des débouchés considérables, et un arrêt dans la consommation compromettrait sa fortune et la subsistance de ses ouvriers.

Le consommateur est sollicité par le bon marché ; pour abaisser les prix d'une manière durable, il faut diminuer les frais de fabrication. On arrive à ce résultat, non seulement par la spécialisation des industries, mais encore par l'extrême division du travail dans chaque industrie. Prenons pour exemple la fabrication des aiguilles et des épingles. Une aiguille passe, avant d'être livrée au commerce, par les mains de plus de quatre-vingts ouvriers différents, et un millier d'aiguilles peut être livré au prix de quatre ou cinq francs. La confection des épingles comprend quatorze opérations distinctes, confiées à autant d'ouvriers, qui peuvent en faire cinquante mille par jour. Un ouvrier en ferait à peine vingt-cinq par jour, s'il devait les commencer et les finir ; les quatorze ouvriers en feraient trois cent cinquante. La division du travail donne à chaque ouvrier de la manufacture la valeur productive de plus de cent quarante ouvriers isolés.

Une même opération commande toujours les mêmes mouvements; par l'habitude, ces mouvements, peu compliqués, se produisent avec une précision et une rapidité étonnantes. Une femme habile à tricoter tient une conversation, regarde rarement son ouvrage, et néanmoins sous ses doigts agiles les aiguilles se croisent, s'agitent, volent, et les mailles s'accumulent comme par enchantement. Voilà le secret de la division du travail.

Trop généralisée, l'extrême division du travail ferait de l'homme une machine à fabriquer plutôt qu'un ouvrier. La spécialité rompt l'équilibre des facultés. Un apprentissage complet devrait précéder l'entrée d'un ouvrier dans une manufacture, comme une culture intellectuelle générale précède toujours les études spéciales des carrières libérales.

QUATRIÈME LEÇON

Le capital.

L'homme travaille pour vivre, pour faire vivre sa famille. Dans la santé, il doit penser à la possibilité d'une maladie; dans la jeunesse pleine de ressources, à l'impuissance de la vieillesse. Ses moyens d'existence doivent être en avance sur ses besoins s'il ne veut pas être pris au dépourvu. Il faut que le travail du jour concoure au travail du lendemain; que celui d'une génération ne soit pas inutile à la génération qui suit.

Le capital est la réserve d'une partie du fruit du travail antérieur en vue du travail et des besoins ultérieurs. On peut dire que le capital n'est autre chose que du travail accumulé. Celui qui a gagné en un jour du pain pour deux jours possède un capital dans cet excédant de pain. N'ayant pas à se pourvoir de pain pour le lendemain, il pourra consacrer le loisir qui lui est fait par son capital à la fabrication d'un outil qui rendra sa tâche moins pénible et plus féconde. Ou mieux, avec la division des fonctions, il pourra échanger le produit de son travail contre l'outil qui lui est nécessaire.

Le capital est l'élément le plus important de la production. Tous les instruments de travail sont du capital. Le charpentier qui possède une hache, une scie, un rabot, est un capitaliste; le serrurier propriétaire de son foret, de son empenoir et de ses limes, est un capitaliste. L'industriel qui possède une importante usine n'est pas un capitaliste d'une autre espèce; c'est un plus gros capitaliste, voilà tout.

Que deviendrait la production si la hache et la scie venaient à manquer au charpentier; la lime, au serrurier; la charrue, au cultivateur; la bêche, au jardinier; les aiguilles et les ciseaux, aux tailleurs et aux couturières? Elle tomberait si bas, malgré tous les efforts du travail désarmé, que les contrées civilisées ne pourraient plus nourrir tous leurs habitants. La misère et la dépopulation seraient la conséquence de la disparition du capital. La guerre au capital est la guerre à la société.

Le travail et l'économie, c'est-à-dire l'effort et la privation, engendrent le capital ; il ne saurait avoir une origne plus morale, plus respectable. Le capital ne peut se maintenir, ne peut vivre qu'en se nourrissant de travail. Celui qui dépense et qui ne gagne rien arrive rapidement au bout de ses économies. Les plus grandes richesses se dissipent par les dérégle-ments qui sont la suite de l'oisiveté. Le temps fait lui-même lentement une œuvre destructive : les vête-ments s'usent, les bâtiments se détériorent, tous les travaux de l'homme s'effacent à la longue. Il faut un travail incessant pour les maintenir et les renou-veler.

Vulgairement le mot *capital* signifie somme d'ar-gent. Nous verrons plus loin que la monnaie est de la valeur, que cette valeur peut constituer un capital ; mais l'idée scientifique de capital est indépendante de l'idée de monnaie. Beaucoup d'économistes ne donnent le nom de capital qu'à la richesse employée à la production d'autres richesses. Les provisions, les sommes d'argent qu'un homme oisif applique à la satisfaction de ses besoins ou de ses fantaisies ne sont pas considérées comme capital. La consomma-tion est cependant indispensable à la production ; si aucune richesse n'était détruite, l'activité humaine deviendrait bientôt sans objet. On travaille en vue de la jouissance, et c'est la perspective du repos qui aiguillonne l'activité. D'ailleurs le travail porte en lui-même une première jouissance et souvent la meilleure. Si l'on demande à une personne qui a fait fortune, à quelle époque de sa vie elle a été le plus heureuse, elle répond généralement que c'est au moment qu'elle travaillait le plus.

Celui qui ne se livre à aucune occupation utile, qui vit uniquement sur le travail accumulé de ses ancêtres, est sur le chemin de la ruine. Sa fortune passera progressivement en des mains plus actives et plus prévoyantes. Avec un peu de réflexion, on voit que la Fortune n'est ni aussi partiale ni aussi aveugle qu'elle en a la réputation. Tout édifice qui n'est pas soutenu par le travail s'écroule dans un temps plus ou moins long selon sa solidité; tous les matériaux en sont dispersés plutôt que détruits. Le travail s'en empare, les rassemble pour faire une œuvre nouvelle au profit d'un nouveau possesseur. *Le mouvement est une condition de la vie économique comme de la vie physique. L'opulence oisive est sur une pente fatale qui aboutit à des désastres; l'activité réglée et persévérante, au contraire, s'élève péniblement, mais sûrement à une condition meilleure.*

Le capital ne consiste pas seulement en provisions,

en matières premières, en outils, en machines ou en argent; il comprend ce que l'homme a de meilleur: l'intelligence et la moralité.

Un médecin, un magistrat, un ingénieur, un savant, un artiste retirent de leur art ou de leur science une légitime rémunération et la considération publique: leur talent est un capital productif. Ce capital a été acquis par de longues études, par le travail de toute leur jeunesse, par de lourdes charges imposées à leurs familles. Les grandes découvertes qui ont transformé les conditions du travail, qui ont centuplé la production sont dues au capital intellectuel.

Un enfant qui sort de l'école primaire sachant *bien lire, bien écrire et bien calculer* possède déjà un petit capital. S'il fait un sérieux apprentissage, son capital augmente. Il ne lui reste plus, pour réussir dans la vie, que d'être honnête, laborieux, exact dans l'accomplissement de ses devoirs, en un mot, d'avoir une bonne conduite. Il y a des ouvriers très habiles, gagnant de bonnes journées et qui sont toujours dans la gêne, qui rendent leurs familles malheureuses, qui deviennent très malheureux eux-mêmes. Le capital de la moralité leur a fait défaut.

Sur un grand nombre de personnes dans les

mêmes conditions, au début de leur carrière, il y en a qui réussissent et d'autres qui ne réussissent pas. Celles qui ne réussissent pas accusent le sort, se plaignent de la chance. La plupart ne devraient se plaindre que d'elles-mêmes, de leur manque de conduite, de leur manque de volonté et de persévérance, de leur négligence à s'instruire et à bien remplir tous leurs devoirs.

L'amour du devoir est un précieux capital.

CINQUIÈME LEÇON

La propriété.

L'homme a des facultés physiques, intellectuelles et morales que nous avons pu considérer comme un capital. Ces facultés sont bien à lui, puisqu'elles constituent sa personnalité. *La première propriété, c'est la possession de soi-même, de ses organes, de sa force, de sa volonté, de son âme.*

L'homme applique ses facultés à l'appropriation des richesses naturelles à ses besoins. Il transforme ou multiplie ces richesses par son travail; il les marque en quelque sorte du caractère de sa personnalité; il en devient le légitime possesseur, *le propriétaire.*

Le gibier qui vole ou qui court, le poisson qui nage dans la profondeur des eaux, le fruit qui pend au haut d'un arbre ne sont une richesse pour le sauvage qu'autant qu'il parvient à s'en emparer par son agilité, par sa patience, par son adresse. La possession résultant pour lui d'un effort, de la mise en activité de ses organes et de sa pensée, constitue à son profit un droit de propriété.

Le nomade qui conduit ses troupeaux dans les plus gras pâturages, qui veille à la conservation et à la multiplication des animaux qui le composent, est propriétaire à meilleur titre encore.

L'homme qui plante, qui arrose, qui change par la greffe la nature de l'arbre et du fruit, n'aurait-il aucun droit sur le fruit et sur l'arbre?

Celui qui a transformé un marais infect en une riante prairie, un rocher aride en un riche vignoble, devra-t-il être dépossédé du fruit de son travail sous prétexte que la terre doit appartenir à tout le monde?

Mais alors qui transformerait les marais en prairies, les terrains arides en champs fertiles, qui labourerait, qui sèmerait, qui planterait, qui arroserait? Personne! et la terre réclamée par tous deviendrait pour tous un vaste tombeau. La misère générale et la dépopulation seraient la conséquence d'une atteinte portée au principe de la propriété *individuelle*, principe de droit naturel comme de droit social.

La propriété *individuelle* n'existe pas dans les pays peu avancés en civilisation et courbés sous le joug d'un gouvernement despotique. La terre appartient au souverain qui pressure autant que possible ceux qui la cultivent. Le cultivateur est toujours misérable, que la récolte soit maigre ou abondante. S'il a beaucoup, on lui retire beaucoup, s'il a peu, les exigences du maître sont encore plus dures. En cas de disette absolue, c'est pour lui la famine et la mort. Avec ces désolantes perspectives, tout languit, les terres demeurent incultes, l'espérance si précieuse au cœur des malheureux s'évanouit, et la religion vivifiante du travail est remplacée par le dogme destructeur de la fatalité.

La propriété individuelle et *transmissible est le plus puissant stimulant de l'activité humaine.* On travaille non seulement en vue de la satisfaction de ses besoins présents, mais encore pour parer aux éventualités de l'avenir, au chômage, à la maladie, aux infirmités de la vieillesse. On travaille en vue du repos et du bien-être. Nous travaillons pour nous donner la satisfaction de faire du bien à nos proches, à nos semblables, de sécher les larmes de l'infortune imméritée, pour rétablir, dans une certaine mesure, l'égalité par la charité.

Le travail accumulé constitue le *capital;* le *capital* appliqué à la transformation, à l'amélioration ou à l'acquisition des terres, à la construction des maisons, devient la *propriété*. La propriété est aussi sacrée, aussi inviolable que le travail et le capital.

C'est l'amour de la propriété qui attache l'homme au toit et au champ paternels. Il sent que là est sa force et sa sécurité ; qu'il serait étranger et diminué ailleurs. L'exemple du travail et des vertus domestiques de ses ancêtres l'encourage au travail et à la bonne conduite. Il n'a d'autre ambition que celle d'agrandir son patrimoine ; il lui semble qu'il agrandit ainsi sa propre personnalité. Des terrains stériles jusqu'alors sont fécondés par ses sueurs. La culture s'étend ; elle monte de la vallée aux coteaux, elle gravit les lieux les plus abruptes. Partout où il y a un rayon de soleil, un pouce de terre végétale, un filet d'eau, il fait un champ ou une prairie. L'absence même de terre végétale ne l'arrête pas ; il en prend dans la vallée, pour la transporter dans sa hotte sur le rocher qu'il veut conquérir. Il a les fatigues et les joies des conquérants ; il est supérieur aux conquérants parce qu'il fait œuvre de progrès et de vie, tandis que les conquérants font œuvre de mort et de désolation.

Après les guerres de conquête, on se hâte d'appeler le *cultivateur propriétaire* pour en réparer les maux. Dans l'Amérique du Nord, la liberté et la propriété ont créé un Etat dont la prospérité étonne le vieux monde.

Que serait-il arrivé si le gouvernement de ce pays, au lieu de fonder la propriété *individuelle et transmissible,* n'avait concédé qu'à titre précaire les plaines arrosées par le Mississipi ? Ces terrains seraient encore incultes, malgré leur merveilleuse fécondité. Personne n'aurait voulu dépenser son temps, son argent, sa force et sa santé pour les défricher, dans la crainte d'une dépossession prochaine ou éloignée. La *durée* ne fait rien ; l'homme qui passe si vite n'accepte volontiers que l'idée de perpétuité dans les biens de la vie. Ses affections, ses agréments, sa reconnaissance, son dévouement, tout, dans sa pensée, doit être éternel, et lorsqu'il parle de fin, de néant, il ment à son cœur. Le vieillard bâtit et plante comme l'homme plus jeune. Il ne plante pas seulement pour ses petits-fils ; mais il lui semble qu'il allonge sa propre existence par des œuvres qui subsisteront après sa mort. La *postérité* dont le jugement impartial soutient les grandes âmes, n'est elle-même qu'un agrandissement de la personnalité. La propriété individuelle perpétuelle, c'est-à-dire transmissible, tient aux sentiments les plus vivaces de la nature humaine. Ce n'est pas une invention d'un régime politique pouvant varier comme le régime lui-même, puisque les gouvernements les plus nouveaux, les plus soucieux de la liberté et de la dignité de l'homme, reconnaissent la propriété individuelle, la créent lorsqu'elle n'existe pas et savent la faire respecter

On a grand tort d'établir des classes qui n'existent pas, celle des propriétaires et des non propriétaires. Tout le monde est propriétaire. Une journée de travail rend propriétaire d'un salaire pouvant être converti en pain, en vêtements ou économisé. Lorsque les économies sont importantes, on peut acheter un mobilier; après le mobilier, la maison; après la maison, le champ qui l'entoure. Puis, le revenu du champ s'ajoutant au produit du travail, la propriété augmente rapidement. Cette propriété n'est pas de nature autre que le salaire du début.

Vous pouvez disposer de votre salaire, le consommer entièrement ou en économiser une partie. Le droit de consommation, c'est-à-dire de destruction, est le droit suprême qui comprend tous les autres. Ce qu'on peut détruire, on peut à plus forte raison l'aliéner, le vendre, le donner. La donation n'est qu'une vente à titre gratuit; la gratuité n'est même pas absolue, puisque celui qui se dessaisit trouve au moins un intérêt moral à le faire.

La propriété par succession a donc le même caractère et mérite le même respect que celle qui provient du travail direct.

SIXIÈME LEÇON

L'échange et la monnaie.

·Nous connaissons la variété, la multiplicité des besoins de l'homme, son impuissance à tout produire et les merveilles de son activité lorsqu'elle s'applique à un travail limité, à une spécialité en rapport avec ses aptitudes.

Il s'agit de concilier ces deux faits économiques qui semblent s'exclure. C'est par l'*échange* que le rapprochement s'opère. Si un homme est porté d'instinct et d'habitude à faire une chose utile, il cherche naturellement à l'échanger contre d'autres produits qui lui sont nécessaires, pour se renfermer dans le genre du travail qui lui plaît.

L'échange a toujours existé; mais il s'est perfectionné avec la marche de l'humanité, et on peut dire

3

que la facilité des échanges dans un pays indique le degré de civilisation de ses habitants.

Primitivement le chasseur vigoureux a dû echanger une partie du produit de sa pénible et souvent dangereuse chasse contre des arcs et des flèches fabriqués par un voisin plus ingénieux que robuste ; le pêcheur impassible, le superflu de son poisson contre un filet inventé par une intelligence plus déliée. Ces engins qui constituent un premier capital, ont rendu la chasse et la pêche plus fructueuses. La subsistance étant devenue plus abondante, l'homme est sorti des cavernes. Il a construit des cabanes, plus tard des maisons ; il s'est fait des vêtements. Le constructeur recevait, en échange de son travail, ce qui lui était nécessaire pour vivre. Il bâtissait pour les autres, on chassait et on pêchait pour lui. Le berger, par la suite, a échangé ses moutons ou ses bœufs contre le blé ou les fruits du cultivateur.

Mais l'*échange direct* ou *troc* présente bien des difficultés. Pour qu'un cultivateur qui aurait besoin d'un habillement pût se le procurer, il faudrait qu'il cherchât et trouvât un tailleur qui eût besoin de blé ; un pharmacien qui aurait besoin d'un livre devrait découvrir un libraire malade ; un jardinier pour avoir un arrosoir devrait trouver un ferblantier qui

aurait besoin de fruits ou de légumes. Ces coïnci-
dences seraient rares et longues à découvrir.

La conclusion du marché présenterait d'ailleurs
d'autres obstacles. Une simple salade désirée par le
ferblantier n'aurait pas la valeur d'un arrosoir; on ne
peut pas échanger un pain contre un vêtement, ni un
bœuf contre une paire de souliers. Le troc n'a pu être
pratiqué que dans une société restreinte, aux habitudes simples, aux besoins limités.

La multiplicité des rapports d'affaires, l'augmentation de la production de la richesse ont donné
naissance à la *monnaie*, c'est-à-dire au choix
d'une valeur servant de *terme de comparaison entre
les autres valeurs, ou du moins d'intermédiaire
d'échange.*

On achète de la monnaie avec la valeur d'échange
que l'on possède ; avec de la monnaie, on achète
les objets nécessaires ou agréables que l'on ne
possède pas. Acheter de la monnaie s'appelle
vendre.

Puisque dans le double troc imaginé pour faciliter
les échanges, on achète de la monnaie avec une marchandise et une nouvelle marchandise avec de la
monnaie, il faut que la monnaie elle-même soit une
marchandise, une valeur.

Cette valeur de comparaison, cette marchandise

doit être utile, recherchée, inaltérable, divisible sans perte et peu encombrante.

Le blé, le sel, le tabac, la morue, les pelleteries, les bœufs ont servi de monnaie à différentes époques et dans divers pays. Mais le blé perd vite de sa qualité ; on ne peut faire des provisions qui durent long-temps. Le sel se détériore facilement à l'humidité ; comme il a peu de valeur, il faudrait de vastes greniers pour tenir lieu de coffre-fort. Le tabac est encore une marchandise encombrante et de plus il n'est pas recherché par tout le monde. On comprend facilement que la morue n'a pu servir de monnaie que dans les pays de pêche, comme Terre-Neuve. Les pelleteries ne sont pas divisibles sans pertes et demandent trop de soins pour leur conservation. Chez les Romains, les amendes au profit de l'État étaient payées en bœufs ; mais il faut convenir que cette monnaie aurait été gênante pour un simple ouvrier n'ayant ni étable, ni grange.

Les métaux précieux présentent de grands avantages sur ces diverses marchandises pour servir de monnaie. Ils sont peu altérables ; ils peuvent se diviser et se réunir sans dépréciation ; ils représentent une importante valeur sous un petit volume et sont facilement transportables ; ils peuvent recevoir une empreinte attestant le poids et la qualité de la pièce.

L'inventeur de la monnaie d'or et d'argent ne doit pas être maudit comme l'auteur de tous les maux. La monnaie, adoptée dans tous les pays civilisés, a rendu les échanges plus faciles, favorisé le développement de l'industrie, augmenté le travail et par conséquent le bien-être des travailleurs. L'avarice et la dureté de cœur ne viennent pas de la possession de l'or et de l'argent : il y a des riches généreux et des avares pauvres. L'égoïsme, l'avidité qui voudraient tout absorber existaient avant la création de la monnaie. La convoitise peut changer d'objet, d'aliment, sans périr ou même s'amoindrir. Ne rapportons jamais aux choses ce qui n'appartient qu'à nos passions.

Les pièces de monnaie fabriquées en France sont en or, en argent et en bronze. Les pièces d'or contiennent un dixième de leur poids de cuivre. L'alliage qui résulte de l'addition de cette petite quantité de cuivre a plus de dureté, plus de résistance au frottement, à l'usure, que l'or pur. Le titre des pièces de cinq francs en argent, c'est-à-dire le rapport de l'argent fin au poids de la pièce est aussi de neuf dixièmes ou neuf cent millièmes. Les pièces de deux francs, de un franc, de cinquante centimes et de vingt centimes, ne sont qu'au titre de huit cent trente-cinq millièmes ; mais elles ne constituent, comme les pièces en bronze, qu'une monnaie d'appoint n'entrant dans les payements que pour cinquante francs au plus.

L'empreinte garantit à la fois l'authenticité de la pièce, son poids et son titre. Cette garantie est donnée par l'État, qui a seul le droit de battre monnaie. Les faux monnayeurs sont punis des travaux forcés à temps ou à perpétuité.

Vendre pour cinq francs de marchandise, c'est acheter vingt-cinq grammes d'argent au titre de neuf cent millièmes. Payer de la marchandise avec une pièce de vingt francs, c'est vendre 6^{gr},45161 d'or au titre de neuf cent millièmes. Le payement de la même somme en pièces de cinq francs en argent, aurait représenté une vente de cent grammes d'argent au même titre.

Le rapport de la valeur de l'or à la valeur de l'argent est de quinze et demi, c'est-à-dire que cent francs en monnaie d'argent pèsent autant que 1550 francs en monnaie d'or. Mais ce rapport n'est pas invariable. L'abondance de l'argent, comme de toute marchandise, en diminue la valeur d'échange. Si cette abondance coïncide avec la rareté de l'or, le rapport est élevé ; il serait abaissé par des circonstances inverses. Ce trouble n'existerait pas avec un étalon unique, c'est-à-dire la pièce d'or, par exemple. Les pièces d'argent de poids et de titre inférieurs à leur valeur nominale ne seraient reçues que comme monnaie d'appoint. Il n'y a qu'un pas à faire pour arriver à ce résultat, c'est d'abaisser les pièces de cinq francs au titre des autres pièces en argent; cette monnaie à cours restreint pourrait même être à un titre inférieur à 0,835, sans inconvénient.

La monnaie, quoique ramenée à un étalon unique, ne serait pas une mesure exacte de la valeur. L'or augmente ou diminue de valeur d'échange en raison du travail qu'il exige pour l'extraire des mines, en raison du nombre et de la richesse de ces mines. Avec une même somme, on se procure moins d'objets utiles qu'avant la découverte des *placers* de la Californie et de l'Australie. Le même repas que l'on payait, il y a cinquante ans, 1 fr. 50 coûte aujourd'hui 2 fr. 50. Cela signifie simplement que 2 fr. 50 aujourd'hui, ne valent pas plus qu'alors 1 fr. 50; que nos pères étaient aussi riches avec 150,000 fr. que nous avec 250,000 fr. On le voit, une augmentation de numéraire n'est pas toujours un accroissement de richesse. S'il y a surabondance, la dépréciation suit, c'est-à-dire que la monnaie perd de sa puissance d'achat.

La monnaie est un équivalent au moment de l'échange appelé *achat*. Les variations de valeur des métaux précieux sont plus lentes et moins brusques que celles des autres marchandises. Le prix des choses ou leur évaluation en argent est une mesure suffisante de la valeur pour la pratique des affaires.

Mais il ne faut considérer l'or et l'argent que comme des marchandises soumises aux variations de l'offre et de la demande, tirant leur prix du travail, de leur application à l'industrie et de leur utilité comme moyen d'échange.

SEPTIÈME LEÇON

Le salaire.

Les Romains se servaient primitivement de sel pour leurs payements. De là vient le nom de *salaire* donné au prix du travail journalier de l'ouvrier.

En économie politique, le salaire est la part de production revenant au travail.

Nous avons vu que le travail n'acquiert toute sa puissance que lorsqu'il est secondé par le travail antérieur transformé en outils, en provisions de toutes sortes. Le travail antérieur accumulé qui vient ainsi en aide au travail actuel, a été nommé capital. L'union du travail et du capital est indispensable pour produire la richesse. Sans le capital, le travail serait à peu près stérile. Un ouvrier mal outillé, ne possédant pas les matières premières réclamées par son industrie est réduit à l'impuissance. Il lui faut des ressources immédiates pour vivre, pour se loger, pour subvenir aux besoins de sa famille. Il ne peut songer à une entreprise qui ne donnerait des résultats qu'au bout de longs mois, de plusieurs années peut-être. Il ne peut s'exposer à des pertes qu'il n'est pas en état de supporter ; il ne doit pas livrer à des chances incertaines le pain de ses enfants.

Il y a un parti plus sage à prendre, une règle de conduite plus sûre à suivre pour l'ouvrier, c'est de s'entendre avec un entrepreneur, avec un fabricant qui lui fournisse les matières premières, les ateliers, les machines ; qui lui paye chaque jour la somme convenue, qui le garantisse de toute perte, de toute responsabilité autre que celle de la bonne exécution de son travail.

Il obtiendra ces avantages moyennant l'abandon de son droit sur le produit. *La part de l'ouvrier dé-terminée à l'avance, à forfait et périodiquement payée, c'est le salaire.*

L'industriel cherche constamment à diminuer les frais de fabrication afin de pouvoir livrer ses produits au plus bas prix possible. Le bon marché augmente la consommation et par conséquent les bénéfices du producteur. Il semblerait que l'intérêt du patron est en opposition avec celui de l'ouvrier ; que l'indus-

trie est d'autant plus prospère que le salaire est plus
faible. On oublie que l'abaissement des salaires
éloigne les bras, que l'ouvrier est à la fois producteur et consommateur, qu'il se prive et souffre
lorsque le salaire tombe trop bas, que les privations
diminuent sa consommation et sa puissance de travail.
La diminution des forces productives relève le prix
des marchandises et le taux des salaires. La surabondance de production avilit les prix au préjudice de
l'industriel comme de l'ouvrier.

Ajoutons encore quelques réflexions et nous arri-
verons à une connaissance suffisante de la loi des
salaires.

Si un produit cesse d'être demandé ou si seulement la demande a sensiblement diminué, il y a
baisse de prix. La production doit se ralentir et le producteur, qui a toujours à peu près les mêmes frais
généraux, gagne moins et quelquefois ne couvre pas
ses dépenses. Il renvoie quelques ouvriers; ces
ouvriers trouvent difficilement à se placer, parce que
le malaise dans une industrie tient souvent à des
causes générales qui atteignent toutes les industries
similaires. Dans leur détresse, les ouvriers offrent
leurs services au rabais et la diminution des salaires
devient générale. Quelques-uns sont même obligés
de changer d'industrie et de s'éloigner.

Mais le ralentissement de la production facilite l'écoulement des marchandises en magasin : peu à peu les acheteurs en fabrique reparaissent ; les demandes grossissent chaque jour ; elles finissent par dépasser la production diminuée par la crise. Le manufacturier pour satisfaire sa clientèle doit presser la fabrication, rappeler des ouvriers, les demander au loin quelquefois, subir leurs exigences, et augmenter les salaires de ceux qu'il avait gardés.

On le voit, le salaire est régi par la loi de l'offre et de la demande, comme cela a lieu pour le prix des marchandises. Si le travail est abondant et l'ouvrier rare, il y a augmentation de salaire ; au contraire si le travail se ralentit et que le nombre des ouvriers augmente, le salaire diminue.

L'équilibre dans les salaires demanderait que le nombre des ouvriers augmentât proportionnellement aux besoins de la production ; que la production ne dépassât jamais les besoins de la consommation ; que les matières premières ne fussent jamais ni plus rares ni plus abondantes ; que les récoltes se succédassent avec uniformité sans excédant ni pénurie ; en un mot que le ciel fût toujours clément et les hommes sans défaillances.

Ces conditions ne sont jamais remplies. Le travail et les affaires auront toujours leur flux et leur reflux, comme les vagues de la mer. Il est bon de connaître les lois de ces marées économiques pour diminuer les souffrances et éviter les désastres.

Les ouvriers sont souvent jaloux des profits du patron; ils ne réfléchissent pas qu'un chef d'industrie a des capitaux considérables engagés, qu'il court de gros risques, qu'il lui faut beaucoup d'intelligence, d'activité et de vigilance pour réussir; que chaque ouvrier lui laisse un très faible bénéfice; qu'il ne se retrouve que sur le nombre; que souvent une minime augmentation du salaire de ses ouvriers le constituerait en perte. Une augmentation de cinquante centimes ne paraît pas un lourd sacrifice à première vue; mais pour un industriel qui emploie deux cents ouvriers, par exemple, c'est cent francs par jour, plus qu'il ne gagne quelquefois.

Ces jalousies et leurs conséquences désastreuses disparaîtront lorsque les ouvriers seront bien pénétrés de cette simple vérité que les bénéfices des patrons amènent nécessairement l'augmentation des salaires; qu'au contraire, les pertes des patrons sont toujours suivies d'une réduction plus ou moins forte du prix de la journée de travail.

En effet, lorsqu'un industriel fait des profits importants, il accroît son capital, ce qui lui permet de donner plus de développement à ses affaires, de fabriquer sur une plus vaste échelle. Il lui faut un plus grand nombre d'ouvriers; le travail va au devant de l'ouvrier et le salaire augmente. Si une industrie ne donne pas de bénéfices, si elle dévore le capital, elle est abandonnée et une source de travail se trouve ainsi tarie. Les ouvriers disponibles vont grossir les demandes d'ouvrage et les salaires diminuent. *C'est toujours la loi de l'offre et de la demande.* Lorsque, nous ne saurions trop le répéter, plusieurs ouvriers sollicitent un patron qui n'a besoin que d'un seul ouvrier, il y a tendance à la baisse des salaires; si plusieurs patrons courent après un seul ouvrier, le salaire se trouve mis aux enchères.

Il y a des professions qui ne demandent ni une grande intelligence ni un long apprentissage, comme celle de simple manœuvre. On trouve toujours assez de gens pour les remplir et les salaires sont médiocres.

Les professions agréables, qui peuvent flatter l'amour-propre des jeunes gens, leur donner l'occasion de paraître proprement vêtus, qui les investissent d'attributions semblant leur donner quelque importance, sont encombrées et voilà pourquoi les petits employés d'administration, les commis de bureaux et de magasins sont si mal payés. Leur sort ne s'améliorera guère tant que la concurrence sera si grande.

Que les fils de cultivateurs restent à la charrue et les fils d'ouvriers à l'établi, au lieu d'aller végéter dans des bureaux ou des magasins. Leur condition sera meilleure, et la condition d'employé ou de commis moins recherchée deviendra plus lucrative.

Les salaires sont relativement élevés lorsque la besogne est dangereuse, dure ou rebutante.

L'inégalité des salaires est fatale : le manœuvre robuste et agile gagne de meilleures journées que celui qui est impotent ou débile ; l'ouvrier habile et d'une grande dextérité est mieux payé que celui qui a la conception lente et la main lourde ; le commis avenant et ordonné, que celui qui éloigne la clientèle par sa mauvaise grâce et son embarras.

L'industrie et le commerce ne peuvent voir que les services dans l'individu. La doctrine de l'égalité des salaires est une utopie dangereuse. Mise en pratique, elle découragerait l'activité du corps et de l'esprit et érigerait la paresse et l'imprévoyance en système. A la rivalité pour le travail succéderait la rivalité pour l'inaction. Chacun craindrait de faire plus que son voisin et on ne ferait rien. Les conseils de la misère devenue générale ne manqueraient pas de produire les plus épouvantables désordres.

C'est généralement lorsque les denrées alimentaires enchérissent que les ouvriers parlent d'augmentation de salaire. Ils ne réfléchissent pas que les biens de la vie ne dépendent pas uniquement du travail. Il ne suffit pas de labourer et de semer ; il faut que Dieu donne l'accroissement, qu'il permette à la fleur d'éclore et au fruit de mûrir. Les mauvaises récoltes sont aussi préjudiciables aux chefs d'industrie qu'aux ouvriers. On sait en effet, que la classe des propriétaires, des cultivateurs, des ouvriers agricoles ou se rattachant à l'agriculture, forme le fonds de la population. Une mauvaise récolte place tout un monde dans la gêne et lui impose des privations. On met des pièces à ses vêtements au lieu de les renouveler ; on attend des temps meilleurs pour se meubler ou pour bâtir. Il se vend moins de drap, moins de tissus de toute espèce, moins d'objets d'ameublement. Les affaires languissent, les fabricants n'écoulent pas leurs produits ; l'encombrement amènera une baisse de prix ; si cette baisse dépasse certaines limites, c'est la ruine pour plusieurs industries. Les revendications des ouvriers se produisant pendant cette marée descendante, ne peuvent qu'aggraver le mal et précipiter la crise.

Qu'ils attendent la marée montante, c'est-à-dire la période de prospérité pour exposer leurs légitimes prétentions. Le patron qui fait bien ses affaires usera de ménagements à l'égard des bons ouvriers et leur donnera satisfaction dans la mesure du possible. Son intérêt particulier le disposera à des concessions, et, en cas de désaccord, d'autres portes s'ouvriraient devant les ouvriers, parce que la concurrence est toujours ardente lorsque l'industrie est prospère.

Le mal, c'est de vouloir rendre un patron responsable des événements malheureux qui ne dépendent pas de lui, qu'il n'a pu prévoir et qu'il ne saurait conjurer. Les souffrances ne seront que passagères si, pendant une crise économique, l'ouvrier fait preuve de patience et de dévouement, le patron de bienveillance et de sollicitude. Les souffrances sont même épargnées à l'ouvrier qui a pu faire des économies, lorsque la vie était à bon marché et le salaire rémunérateur. Le patron qui traite convenablement ses ouvriers pendant les mauvais jours, se les attache et ne craint pas d'être privé de leur concours à la reprise des affaires. L'intérêt des uns et des autres s'accorde avec les sentiments d'humanité et les devoirs de conscience.

A travers d'incessantes variations, on découvre que le salaire tend à s'équilibrer avec les besoins des ouvriers et même à les dépasser, qu'il s'élève avec le progrès de la civilisation et du bien-être, qu'il peut permettre à l'ouvrier intelligent, laborieux et réglé de ramasser un certain capital et de devenir patron à son tour.

HUITIÈME LEÇON

Distribution de la population.

La distribution de la population a une grande influence sur la richesse publique et le bien-être des particuliers, sur le taux des salaires et le prix des denrées alimentaires.

Lorsque les bras manquent, les ouvriers sont plus recherchés et les salaires s'élèvent. Si, au contraire, la population surabonde sur un point, tous les bras ne peuvent être occupés et les salaires baissent.

Il semblerait que la diminution de la population dût être un bien, et l'augmentation, un mal. Rien n'est moins exact.

Une diminution subite de la population produirait une augmentation momentanée des salaires. Mais, comme le nombre des consommateurs aurait diminué en même temps que celui des producteurs, la production, c'est-à-dire le travail, devrait se ralentir et peu à peu les salaires retomberaient à leurs taux ordinaires. D'ailleurs l'élévation des salaires augmente les frais de production, par suite le prix des marchandises. La cherté impose des privations et diminue le bien-être sans profit pour le salaire, qui ne peut progresser qu'avec la consommation.

Lorsque la population s'accumule dans une contrée, dans une ville, autour d'une usine, au-delà des besoins de l'industrie et des ressources de la production, tous les bras ne trouvent pas à s'occuper ; le travail est demandé au rabais ; la diminution des salaires entraîne les privations ; les privations amènent la maladie et la misère.

L'équilibre dans les besoins et les ressources ne peut se concilier qu'avec une bonne répartition de la population. *Des campagnes désertes et des villes trop peuplées sont deux faits économiques également désastreux.*

Lorsque les ouvriers des champs prennent le chemin de la ville, ils pensent marcher à la fortune, courir aux plaisirs. Mais l'illusion n'est pas de longue durée. Dans les villes, l'extrême division du travail crée des spécialistes très habiles. Les nouveaux arrivants sont obligés de refaire en partie leur apprentissage; ils gagnent peu et les dépenses sont considérables, malgré bien des privations. Les réflexions sont tristes et les regrets amers; mais le gouffre ne rend pas ses victimes.

Le travail augmente sans cesse dans les villes où se portent toutes les forces industrielles; mais il n'augmente pas toujours dans les mêmes proportions que la population. Si tous les ouvriers ne peuvent pas être occupés, les salaires baissent. D'un autre côté, les bras enlevés à la culture par le travail industriel font grand défaut. Les frais de production des denrées alimentaires augmentent, la production elle-même diminue. La vie devient plus chère dans les villes au moment où le travail y est à meilleur marché.

Il semblerait que l'augmentation des salaires des ouvriers agricoles devrait produire un courant économique inverse, c'est-à-dire ramener les bras de la ville à la campagne. Il n'en est rien cependant. D'abord l'homme qui a fait un faux calcul n'aime pas à le reconnaître, puis une position perdue est difficile à recouvrer. D'ailleurs, dans les situations les plus désespérées, l'espérance subsiste encore; on se console en pensant que des jours meilleurs pourront luire, que le salaire augmentera, que le prix du pain diminuera, que les propriétaires de maisons deviendront plus accommodants pour les locataires.

La ville a des attraits particuliers, de beaux édifices, de riches musées, de nombreux établissements d'instruction, des lieux de délassement. L'ouvrier oublie que le travail ne lui laissera guère de loisirs pour jouir de ces avantages, qu'il sera comme un étranger dans une grande ville, que l'air et la lumière manqueront peut-être à sa famille dans le réduit où la pauvreté la confinera. Il a été tenté par l'élévation des salaires ; mais il s'aperçoit que la différence entre le prix de la journée de travail à la ville et à la campagne n'est que nominale. Tout est plus cher à la ville, loyer, nourriture, entretien. L'ouvrier qui gagne six francs par jour et qui les dépense est moins riche que celui qui ne gagne que quatre francs, mais qui se donne le même bien-être pour trois francs. Lors même que le premier ne dépenserait que cinq francs, le franc économisé ne vaudrait pas le franc du second. En effet, les conditions étant supposées égales, dans la première hypothèse un franc ne représente qu'un cinquième de la dépense journalière ; dans la seconde, un tiers. Dans trois jours l'ouvrier des champs aura fait une économie représentant la subsistance d'une journée ; il faudra cinq jours à l'ouvrier de la ville pour se trouver dans le même cas. *Dans les conditions ordinaires, il est plus facile de se constituer un petit capital à la campagne qu'à la ville.*

Ce simple calcul bien compris peut modérer le mouvement d'émigration des habitants des campagnes vers les villes. Mais, pour le contenir dans des limites nécessaires, pour arriver à l'équilibre le plus avantageux de la population, les conseils économiques sont insuffisants.

Les travaux agricoles n'occupent pas le même nombre de bras toute l'année. Dans les pays de montagne surtout, ces travaux sont suspendus pendant trois, quatre ou cinq mois. Le salaire de sept ou huit mois de pénible labeur ne suffit pas toujours pour les besoins d'une année entière. Il faut que le pauvre s'éloigne de son foyer, qu'il aille chercher au loin le complément de ressources qui lui manque. La famille est séparée ; cette séparation est douloureuse et, pour y mettre fin, on se décide souvent à l'abandon du pays natal. On se condamne à la souffrance, mais cette souffrance partagée paraîtra douce. C'est ainsi que les campagnes se désertent ; qu'au moment du travail, la main-d'œuvre devient hors de prix ; que les terres de qualité médiocre restent en friche ; que la production agricole diminue ; que la vie devient plus chère. A cette cherté correspond la baisse des salaires dans les villes, conséquence de l'augmentation anormale de la population, de la prédominance de l'offre des services sur la demande.

Le remède à une situation qui n'est pas sans danger se trouverait dans la décentralisation de l'industrie. Il n'y a pas de contrée déshéritée de toute richesse minérale ou de forces naturelles puissantes. Il ne s'agirait que d'en tirer parti. Mais les capitaux, qui sont aveugles lorsqu'il s'agit d'affaires, d'entreprises organisées dans les grands centres de population, se montrent timides et défiants lorsqu'une industrie vient s'établir au grand jour, au milieu même des intéressés. On semble préférer les chimères aux bonnes réalités ; l'inconnu conserve toujours du prestige sur les ignorants, et l'ignorance est grande encore, même en matière d'intérêts.

Nous avons cependant des exemples frappants du bien-être que peut apporter à une population une heureuse combinaison des travaux agricoles et industriels.

La Suisse, si connue par ses sites grandioses, par ses lacs semblables à des mers, par ses montagnes majestueuses, par ses vallées pittoresques, par ses glaciers qui sont en quelque sorte les usines hydrauliques de l'Europe centrale, mérite d'être étudiée au point de vue économique. La densité de sa population dépasse celle de la France, de l'Autriche, du Portugal ; elle est double de celle de l'Espagne. Cependant, malgré l'espace perdu, les lacs, les rochers stériles, les ravins dénudés, les neiges éternelles, la courte durée de 'a belle saison, la population vit dans l'aisance.

C'est que les Suisses sont à la fois agriculteurs, pasteurs et industriels. Si haut que se trouve un terrain susceptible de culture, il est cultivé ; les engrais et même la terre végétale sont transportés à dos d'homme ; on ne rencontre guère un paysan suisse sans sa hotte ; les femmes et les enfants ont des hottes à leur taille. Nous croyons même que les cadenettes argentées, en forme de bretelles, qui embellissent le corsage des Suissesses, tirent leur origine du précieux instrument de travail et sont le symbole de l'activité.

On trouve de gras pâturages sur des pentes effrayantes, et les bergers conduisent leurs troupeaux jusqu'à 2,000 mètres d'altitude.

Lorsque la neige ramène troupeaux et bergers dans les vallées, que les travaux agricoles sont suspendus jusqu'au retour d'un printemps tardif, le berger et le cultivateur deviennent sculpteurs ou horlogers. Point de chômage pour eux ; ils ont plusieurs cordes à leur arc et ne sont jamais pris au dépourvu.

La famille se reconforte sous les yeux de son chef ; la confiance dans un lendemain assuré par le travail, toujours abondant, laisse peu de place aux fiévreuses ambitions ; la satisfaction du présent n'est point troublée par la crainte de l'avenir. Un peuple si laborieux, si modéré dans ses désirs, si sage dans sa conduite, mérite bien la liberté dont il jouit.

Quoi qu'on en dise, le contact des étrangers que leur beau pays attire n'a pas corrompu les Suisses. Ils font avec beaucoup de politesse et d'intelligence les métiers d'hôteliers, de voituriers, de guides, peut-on les blâmer de profiter de certains avantages de la nature lorsqu'ils ont à en subir tant de rigueurs? Les Suisses établissent des repos et des kiosques partout où un beau point de vue peut attirer les touristes. Il y a des hôtels confortables, comme à Abendberg, à 1,100 mètres d'altitude, en face de la Jungfrau, où l'air pur, la demi-solitude, la fraîcheur printanière de l'été, agissent plus efficacement sur la santé que les eaux minérales les plus renommées. Ce sont là de véritables richesses que l'on fait bien de ne pas laisser improductives.

Il y aurait grand profit pour la France, sinon d'attirer les touristes dans ses belles montagnes, du moins à y maintenir la population en créant des industries qui, alternant avec l'agriculture, lui procureraient des moyens d'existence réguliers et une aisance relative.

L'encombrement sur certains points, la rareté des travailleurs sur d'autres, sont les plus grands obstacles à la véritable prospérité d'un pays, la cause principale du paupérisme.

Des profits et de la rente.

Le profit est la part du capital dans la production. Cette part doit être d'autant plus importante que l'action du capital a été plus prédominante.

Le capital intellectuel et moral est véritablement créateur; c'est lui qui ouvre au travail de nouvelles voies, qui donne un emploi aux économies faites sur les salaires. Une grande entreprise ne peut réussir qu'autant qu'elle est conçue avec intelligence, conduite avec prudence et exécutée avec décision. Il faut, en outre, que l'entrepreneur puisse consacrer à l'obtention du résultat désiré de puissantes ressources fournies par le capital-argent, qui se tranformera en outillage et en salaires.

L'inventeur est propriétaire de son idée, l'ingénieur

de sa science, l'entrepreneur de son expérience et de
son habileté pratique, le capitaliste de ses fonds,
comme l'ouvrier de ses bras, de sa force et de son
adresse. Nous ne voyons là que des forces productives
devant s'unir pour donner à la production toute sa
puissance.

L'idée, la science d'exécution, les risques de l'entreprise doivent être payés comme le travail. La part
du travail, c'est le salaire que nous avons déjà étudié.
La part des autres agents de production, c'est le *profit*. Le profit est le stimulant de l'activité intellectuelle,
de l'esprit d'entreprise, le mobile qui porte le capitaliste à se dessaisir des fonds qu'il possède au profit
de la création de nouvelles richesses. Si on ne faisait
aucune part au capital ni à l'esprit d'entreprise, le
travail languirait, la production descendrait au-dessous de la moyenne et la misère s'en suivrait.

Sans le secours de la science et du capital, le travail
aurait-il pu construire des chemins de fer, établir des
lignes de paquebots à vapeur, creuser des canaux,
fonder de grandes manufactures ? Assurément non.
La plus petite entreprise exige des avances et un matériel assez important. Ces avances et ce matériel sont
un capital ; le crédit est lui-même un capital moral,
un appel aux ressources d'autrui attirées par la confiance et l'espoir d'un profit.

Nous parlerons, dans la prochaine leçon, du crédit et des prêts, c'est-à-dire de l'emploi de l'argent à la production. Voyons aujourd'hui ce que l'on entend par *rente*, en économie politique.

Dans le langage ordinaire, le mot *rente* signifie revenu annuel, intérêt d'un capital.

Les économistes appellent *rente* le produit net du fermage d'une terre ou le bénéfice retiré par le propriétaire après que les frais de culture et l'intérêt du capital employé à l'exploitation ont été payés.

On voit déjà par cette définition qu'il n'y a que les terres fertiles qui donnent une rente. Il n'y a point de rente lorsque le produit de la terre ne paye que le salaire de l'ouvrier agricole et les dépenses d'outillage.

Les terres de meilleure qualité ont été les premières cultivées. La récolte ne représentait que le prix du travail, de la semence et de l'usage des avances nécessaires pour vivre en attendant la moisson. Mais l'augmentation de la population, conséquence de la facile production des subsistances, a promptement rendu nécessaire la culture de terres de fertilité médiocre. Pour obtenir la même quantité de denrées, il fallait plus de soins et de travail; les prix devaient s'équilibrer avec les frais de production et la hausse profitait aux propriétaires des terrains de première qualité. Des terres médiocres, la culture s'est étendue à des terres de plus en plus ingrates au fur et à mesure des besoins de l'alimentation ; elle ne s'est arrêtée que lorsque le sol n'a plus donné la subsistance du travailleur.

La culture des terrains médiocres et même mauvais ne peut être délaissée tant que la population ne diminue pas. L'abandon d'une partie des terres cultivées diminuerait la masse des subsistances ; cette diminution amènerait la hausse des prix des denrées, et des prix rémunérateurs feraient reprendre l'exploitation des terrains peu fertiles.

Il y a, on le voit, une relation intime entre l'étendue de la culture et l'intensité de la population, entre le prix du blé et les frais de culture des plus mauvais terrains.

La rente provient de l'égalité de valeur vénale des mêmes denrées et de l'inégalité de leur prix de revient selon les terres.

Un champ de qualité inférieure donne, par exemple, une récolte estimée cent francs, à peine suffisante pour couvrir les frais de culture. Un autre champ de même étendue, mais plus fertile, produit, dans les mêmes conditions de travail et de temps, deux cents francs. *La plus-value de cent francs cor-*

respondant aux qualités naturelles du sol, c'est la rente.

Mais il est très difficile de distinguer les qualités naturelles des qualités acquises du sol. Tout travail de culture intelligent contribue à l'amélioration de la terre en même temps qu'à la production de la récolte. Après une culture prolongée, des travaux accomplis lentement, une terre peut être complètement transformée et produire un revenu, alors que primitivement elle couvrait à peine les frais de culture. Ce revenu n'est pas la *rente,* puisqu'il ne provient pas des qualités naturelles du sol, mais du travail accumulé ; c'est l'intérêt d'un capital.

Combien de lieux arides autrefois sont aujourd'hui couverts de riches cultures. La terre n'est jamais ingrate pour l'homme laborieux ; elle est docile sous sa main et féconde tant qu'il lui reste fidèle. Mais abandonnée, elle devient âpre et sauvage, des germes de mort s'élèvent de son sein flétri. Les prairies parfumées redeviennent des marais pestilentiels ; les coteaux tapissés de verdure se dénudent et deviennent du plus triste aspect.

La terre ne vaut que par l'homme ; c'est lui qui crée les champs fertiles, qui propage les animaux utiles et les plantes alimentaires, qui augmente la douceur du fruit et l'éclat de la fleur.

Les qualités naturelles du sol se confondent à la longue avec les qualités acquises ; l'œuvre de la nature et l'œuvre de l'homme sont si étroitement liées, si intimement unies dans leurs effets que la part exclusive de la nature, la valeur primitive du sol ne peut point se déterminer. Il est plus raisonnable par conséquent de ne voir dans la terre qu'un capital fixe, fruit du travail d'un nombre indéfini de générations, pouvant être loué, aliéné, transmis par succession.

La terre est de même nature que le capital ; c'est une force employée à la production de la richesse, c'est une valeur échangeable. Si je possède de l'argent, il ne tient qu'à moi d'acheter des meubles, une maison, des prés et des champs, ou de le placer à intérêts. Le loyer de la maison, l'intéiêt payé par l'emprunteur sont-ils quelque chose de bien différent du prix d'un bail à ferme ?

C'est toujours le revenu d'un capital engagé ; les terres ne se donnent plus pour rien et les maisons ont toujours coûté à bâtir.

Le produit de la terre doit pouvoir couvrir les frais de main-d'œuvre, l'intérêt du capital employé dans l'exploitation, fournir un profit pour le fermier et un revenu pour le propriétaire. Les salaires payés sont la part du travail. Le fermier qui doit avoir de l'expérience et des avances, qui court des risques, est un véritable entrepreneur représentant le capital mobile et le capital intellectuel. Le proprietaire représente le capital fixe.

Le propriétaire qui gère lui-même son domaine voit ses revenus augmenter de tous les profits du fermier. Mais s'il substitue un régisseur à traitement fixe au fermier, ses affaires vont mal généralement. Le régisseur n'ayant point un intérêt direct à l'augmentation de la production, s'attache principalement à donner une bonne idée de son habileté par des soins de montre, de parure, si l'on peut s'exprimer ainsi. Les grands travaux qui transforment un domaine, qui doublent les revenus ne sont exécutés que par le propriétaire ou par le fermier à long bail.

Le métayage, c'est-à-dire le partage des fruits entre le cultivateur et le propriétaire est un mode d'exploitation de la terre peu favorable aux progrès de l'agriculture, à l'augmentation de la production. *C'est par l'action du capital surtout que les améliorations agricoles s'accomplissent.* Le métayer ne peut point faire d'avances ; le propriétaire ne veut pas en faire, parce qu'il n'en aurait pas tout le profit.

Le cultivateur qui est propriétaire du champ qu'il

cultive, cumule tous les profits de la terre, salaire, capital mobile et fixe.

Aussi ne faut-il pas une grande propriété à une famille laborieuse de cultivateurs pour vivre dans l'aisance et l'indépendance.

La condition de propriétaire cultivateur est peut-être celle qui comporte le plus d'indépendance et de véritable bonheur.

DIXIÈME LEÇON

Du crédit et des prêts.

Le crédit est la confiance accordée à celui qui emprunte par celui qui prête. La confiance est fondée sur une bonne réputation de probité, d'activité, d'ordre et de moralité.

Par le crédit, des richesses placées dans des mains inhabiles et par conséquent improductives, passent dans d'autres mains qui les font valoir, qui les multiplient, au grand avantage de l'emprunteur et du prêteur et même de la fortune publique.

Un inventeur, par exemple, ayant fait une découverte applicable à l'industrie, n'a pas les ressources nécessaires pour la mettre en œuvre. S'il a du crédit, c'est-à-dire s'il inspire confiance, l'argent arrive vite ; la conception prend corps ; une machine se construit ;

une usine s'élève; un produit rare devient abondant. Il y a eu profit pour le promoteur de l'affaire, pour les bailleurs de fonds, pour le public qui s'approvisionne plus facilement et à meilleur marché. Sans le crédit, l'idée n'aurait pas reçu d'application, au préjudice des producteurs comme des consommateurs.

On peut dire que les chemins de fer ont transformé les conditions économiques du monde. La machine à vapeur est une inspiration du génie; les chemins de fer sont une création du crédit.

Un particulier ne pouvait guère, en effet, entreprendre, avec sa seule fortune, l'établissement d'un chemin de fer de quelque importance; l'État ne le pouvait pas davantage sans faire appel à l'impôt ou au crédit. Un impôt appliqué seulement à la contrée desservie par la ligne aurait été exorbitant; un impôt général aurait été mal accueilli par la partie de la population peu intéressée à la construction; un emprunt se traduit toujours par une augmentation d'impôt et soulève les mêmes objections.

Le crédit a fait ce que la fortune privée, ce que les États ne pouvaient faire. Quelques hommes d'initiative ont étudié les conditions de l'entreprise, calculé à l'avance les dépenses et les recettes, établi les bénéfices probables. Ils ont fait appel au crédit, sous la forme d'association de capitaux. Les grandes compagnies ont été constituées, et les nations ont été sillonnées de voies rapides qui contribuent si puisamment à leur prospérité.

Il y a des placements de capitaux sur les actions et les obligations des chemins de fer comme sur les emprunts d'États. L'actionnaire est un sociétaire dont la responsabilité est limitee au nombre et à la valeur nominale de ses actions ; ce n'est en réalité qu'un bailleur de fonds à revenu indéterminé. Le propriétaire d'obligations est un prêteur privilégié qui reçoit un revenu fixe pour les sommes prêtées.

En général, les entreprises de chemins de fer ont été fructueuses pour les capitaux engagés ; mais ces avantages ne sont rien en comparaison du développement du commerce et de l'industrie qui en ont été la conséquence, et des autres services rendus par la facilité et la rapidité des communications.

Voyons les effets du crédit dans des conditions plus modestes. Un commerçant s'établit avec un petit capital de vingt-cinq mille francs, par exemple ; il n'a point de crédit et doit attendre qu'une marchandise soit épuisée pour la renouveler. Le renouvellement est d'autant plus lent que l'assortissement est moins complet. En fin d'année, ses affaires se montent à peine à cinquante mille francs. A dix pour cent de bénéfice, il a cinq mille francs pour solder ses dépenses, ses frais de magasin et l'intérêt des vingt-cinq mille francs engagés. C'est bien peu, et son travail n'est pas rémunérateur.

Si le commerçant a du crédit, les choses changent de face. Il double les marchandises en magasin; il se contente d'un bénéfice moindre; le bon marché appelle la clientèle; à la fin de l'année il a fait pour deux cent mille francs d'affaires. Tout en se contentant de cinq pour cent de bénéfice, il a gagné dix mille francs; ses frais n'ont pas sensiblement augmenté, et sa clientèle mieux traitée est plus fidèle. Le crédit est profitable au commerçant et au client.

Un cultivateur, par suite de son mauvais outillage, du manque d'engrais, n'obtient que de maigres récoltes à peine suffisantes pour les besoins de sa famille. Il est honnête et laborieux; la confiance, c'est-à-dire le crédit ne lui fait pas défaut. S'il emprunte quelques milliers de francs pour renouveler son mobilier agricole et se procurer les engrais nécessaires, la plus-value de la récolte lui permet souvent de se libérer dès la première année. Le mobilier renouvelé reste; ses terres sont en meilleur état; le crédit lui a ouvert des voies de prospérité inespérées.

Si ce même cultivateur avait emprunté pour faire

des dépenses improductives, par exemple pour bâtir une maison luxueuse, pour marcher de pair avec des voisins plus riches, il serait sur le chemin de la ruine. *Ce n'est pas l'emprunt qui est à redouter, c'est l'emploi que l'on fait des ressources qu'il procure.*

Le crédit employé à la production agricole n'est pas seulement avantageux au cultivateur, il contribue au bien-être général. Des récoltes plus abondantes produisent une diminution de prix des denrées ; la vie devient à meilleur marché, à l'avantage de tout le monde.

Le crédit, qui n'est autre chose que l'application à la production d'un capital improductif, est un organe essentiel de la vie sociale. Porter atteinte au crédit, c'est-à-dire à la confiance, est un mal grave que la société doit réprimer dans l'intérêt de sa conservation.

Les principaux instruments de crédit sont les billets de commerce et de banques, tous les titres négociables. Ces titres ne créent pas la valeur ; ils n'augmentent pas la richesse ; mais ils en favorisent la circulation, l'application à la production. Par un billet à ordre le négociant se procure des marchandises qu'il n'aurait pu acheter contre espèces ; l'industriel, les matières premières nécessaires à son industrie. Pour vendre, ils ne sont pas obligés, l'un et l'autre d'attendre que leurs clients aient de l'argent comptant. Le cultivateur amende sa terre en escomptant la récolte à venir. Le crédit prévient tout arrêt dans l'activité commerciale et industrielle, il accroît cette activité par l'apport de capitaux sans emploi ; il augmente la puissance de ces capitaux, soit en les groupant pour les grandes entreprises, soit en les divisant pour favoriser les efforts individuels.

Le crédit a pour limites la somme des valeurs existantes. Quelle que soit la confiance qu'inspire un négociant, il n'obtiendra pas de marchandises contre un billet à ordre, si les marchandises manquent ; un billet de banque n'aurait aucune valeur si on ne trouvait pas à l'échanger contre de l'argent ; le cultivateur le plus solvable ne trouverait pas une charrue à crédit s'il ne restait plus de charrue à vendre.

Le crédit n'est qu'une transmission, un déplacement de valeurs. Les titres de crédit ou *fiduciaires* représentent la richesse, mais ne sont pas la richesse. Une banque n'augmente pas son capital en multipliant ses billets ; le papier-monnaie n'enrichit pas les gouvernements qui l'émettent et peut ruiner les particuliers.

On confond souvent le *crédit* avec le *capital* comme facteur de la production des richesses ; c'est une confusion funeste. *Le crédit sert à rapprocher le capital du travail, à les unir dans une action commune pour donner à la production toute son intensité.* C'est déjà un grand rôle ; il est moins utile de l'exagérer que de ne pas perdre de vue qu'il n'y a pas de crédit sans capital.

La monnaie d'or et d'argent, nous l'avons déjà vu, est une valeur d'échange. On peut, avec de l'argent, acheter des marchandises que l'on vend à bénéfice ; une maison dont on retire un loyer, une terre qui donne un fermage. Si l'on prête son argent pour acheter les marchandises, la maison ou la terre, doit-on laisser tout le profit à l'emprunteur? Mais l'emprunteur n'est pas propriétaire de ce qu'il n'a pas payé ; le véritable propriétaire, c'est le bailleur de fonds. Le revenu des biens acquis avec son argent lui appartient légitimement. L'acquéreur n'est pas plus riche après le contrat qu'avant ; une vente n'est pas une donation ; le prêteur n'a pas plus donné son argent que le vendeur sa propriété. Et, bien avant la loi du 12 octobre 1720, l'acheteur sans argent aurait joui du revenu et le prêteur n'aurait rien eu à réclamer : le prêt à intérêt avait été absolument proscrit par Charlemagne, dans le capitulaire d'Aix-la-Chapelle, juste mille ans plus tôt. Cela n'avait pas empêché ses successeurs de faire des emprunts à gros intérêts ; mais les particuliers n'auraient pas été admis en justice à réclamer un intérêt quelconque, pour de l'argent prêté. Le crédit se trouvait empêché par cette loi qu'avait dictée un sentiment exagéré de charité. On avait voulu protéger le pauvre contre le riche ; le pauvre ne fut jamais plus misérable. Il ne pouvait s'élever par le travail, faute de l'appui du capital, et, dans ses besoins extrêmes, il devait se livrer à des usuriers qui consommaient sa ruine.

L'argent étant, comme capital, un facteur de la production, doit donner un profit à celui qui s'en dessaisit, qui en donne la jouissance à autrui. *Ce profit s'appelle intérêt. L'intérêt comprend le prix du loyer et la prime d'assurance du risque.* La loi du 3 septembre 1807 a fixé le taux maximum de l'intérêt de l'argent, en matière civile, à cinq pour cent, et, en matière commerciale, à six pour cent. La banque de France a été affranchie en 1857 de la limite d'intérêt. Nous ne sommes pas loin d'un régime de liberté absolue en matière d'intérêt. Nous rentrerons alors dans la logique. On n'a jamais eu la prétention de taxer le prix maximum des loyers d'immeubles ou même d'objets mobiliers ; pourquoi un taux de loyer pour l'argent, véritable marchandise, que l'on peut convertir par échange en meubles ou en immeubles ?

D'ailleurs le prêt constitue une association limitée exposant le prêteur à des risques. Les avantages

doivent être proportionnés aux chances à courir.
c'est-à-dire à la solvabilité de l'emprunteur et à la
nature de l'entreprise.

La liberté est un remède à beaucoup de maux,
principalement à celui de l'usure, et le loyer de
l'argent est moins cher qu'ailleurs dans le pays où il
n'existe pas de taux légal.

ONZIÈME LEÇON

Du placement des capitaux.

Le placement des capitaux est un embarras plus grand, plus général qu'on ne le pense. Le possesseur d'un livret de la caisse d'épargne est un capitaliste, comme le gros actionnaire, le riche armateur, l'opulent banquier. Il n'y a que la différence du simple filet d'eau au fleuve majestueux.

La plus modeste épargne conservée, répétée, grossie, peut devenir la source d'un capital important. Pour faire fortune comme pour courir à sa perte, il n'y a que le premier pas qui coûte.

Il en coûte beaucoup d'abord de se refuser un plaisir, de s'imposer une privation pour un mince résultat, pour un franc économisé, par exemple. On se dit qu'on n'est guère avancé d'avoir un franc de plus. C'est oublier que le profit réel ne vient pas de l'importance de la somme, mais de la bonne habitude prise. La tentation, une première fois réprimée, de faire une dépense inutile, diminue tous les jours ; la liberté d'esprit qu'on y gagne permet d'apprécier la valeur relative des satisfactions, de ne pas sacrifier des avantages sérieux dans l'avenir aux vanités, aux futilités du présent.

Si l'on a placé son premier capital, ne fût-ce qu'un franc, à l'abri de la tentation, c'est-à-dire à la caisse d'épargne, le franc s'ajoute rapidement au franc et on se trouve bientôt, non pas riche, mais possesseur d'une somme importante formée des versements successifs augmentés des intérêts capitalisés. *C'est la boule de neige qui grossit d'une manière prodigieuse par le mouvement, et qui se serait fondue dans le repos.*

Le placement à la portée des plus petites économies, c'est la caisse d'épargne, institution de prévoyance, placée sous la garantie et sous la surveillance du gouvernement, pouvant exercer la plus heureuse influence sur la moralité et le bien-être des travailleurs. La caisse d'épargne pourrait être mieux connue et moins délaissée de ceux qui la connaissent. Les habitudes d'épargne ne sont pas encore bien formées dans les classes ouvrières, qui vivent trop souvent au jour le jour. Il faut créer ces habitudes par les écoles, par les caisses d'épargne scolaires dont le développement est un des signes heureux du temps, une bonne espérance (1).

Les caisses d'épargne ne reçoivent plus de versement d'une même personne lorsque son compte atteint mille francs. Si par suite du règlement annuel des intérêts, le maximum de mille francs est dépassé et que dans les trois mois le déposant n'ait pas réduit son crédit, l'administration de la caisse place les mille francs en rente sur l'Etat.

L'Etat, c'est-à-dire la nation, est un excellent débiteur, payant régulièrement tous les trois mois l'intérêt appelé *rente*. Mais la sécurité des placements en rente sur l'Etat, la régularité des payements et autres avantages, ont fait naître la concurrence parmi les capitalistes. Lors du dernier emprunt d'Etat, nécessité par les malheurs de la guerre, emprunt de délivrance, on obtenait un titre de rente de cinq francs pour quatre-vingt-deux francs de capital. C'était un placement à plus de six pour cent.

Mais la France, riche de son sol, de son climat, de l'activité et de l'industrie de ses habitants, confiante

______

(1) En France, les versements aux caisses d'épargne sont environ de 3,500 000 francs par an. Ce chiffre tend à augmenter, grâce aux efforts de la société des institutions de prévoyance.

dans un gouvernement de liberté, est entrée dans une ère nouvelle de prospérité. L'argent passé à l'étranger lui est revenu par l'échange de ses productions naturelles. Les placements sur les rentes françaises ont été recherchés, et le titre de cinq francs de rente se paye aujourd'hui cent vingt francs. L'intérêt ne ressort plus qu'à 4,17 pour cent. Le taux est encore moins élevé pour le type de 3 %, au cours actuel de 86 francs; l'intérêt n'est en effet que de 3,48 pour cent.

Les rentes sur l'Etat sont un placement très recherché, quoique de moins en moins fructueux comme revenu. On est attiré par la sécurité, par la facilité de réalisation l'exemption d'impôts, la faculté de constituer les rentes en biens dotaux, par l'espoir d'une nouvelle élévation des cours, c'est-à-dire de l'augmentation du capital. L'achat de rentes au comptant est une opération sage qui donne rarement lieu à des mécomptes.

Il n'en est pas de même des opérations à découvert faites en vue de la possibilité d'un mouvement des cours dans un certain sens; le mouvement peut avoir lieu dans le sens opposé et amener, au lieu d'un gain plus ou moins légitime, des pertes considérables et même la ruine complète. Les jeux de bourse ne sont profitables qu'aux agents de change et à quelques habiles, qui finissent pourtant par se faire dépouiller par de plus habiles. Les hommes inexpérimentés ne doivent jamais se livrer à des spéculations qui tourneraient sûrement à leur désavantage. Placer ses épargnes en rentes sur l'Etat pour en tirer un revenu, c'est bien; c'est mieux encore de les apporter au moment où le pays traverse une épreuve cruelle. Dans ce moment c'est un acte de patriotisme et une bonne affaire; l'intérêt et le devoir sont d'accord.

Les chemins de fer représentent une part importante de la fortune publique. Leurs actions et leurs obligations donnent lieu à des placements de fonds dans des conditions peu différentes des rentes sur l'Etat, pour les grandes lignes s'entend. Les petites lignes ont de la peine à vivre; le bas prix de leurs actions ne doit tenter que les spéculateurs endurcis.

Le nombre des sociétés de crédit et des sociétés industrielles augmente tous les jours, et les prospectus les plus éblouissants vont troubler la quiétude du petit capitaliste, assez naïf pour devenir le ridicule actionnaire sur le dos duquel retombent tous les coups des batailles de la bourse.

Lorsque les particuliers et les commerçants d'une solvabilité reconnue trouvent à emprunter de l'argent à quatre ou cinq pour cent, il se fonde des banques qui offre des quinze ou vingt pour cent à leurs actionnaires. Il y a des banquiers vraiment habiles ; mais il n'est pas facile de comprendre pourquoi ils ne tireraient pas plus grand profit de leur talent extraordinaire et ne prendraient pas l'argent à bas prix, au lieu de vouloir enrichir malgré eux d'ingrats actionnaires, qu'ils ne verront peut-être jamais que pour en être maudits.

L'argent accumulé dans les caisses d'une banque ne produirait rien ; le crédit devient inutile lorsqu'il n'est pas appliqué au mouvement commercial ou industriel. Argent et crédit n'ont de puissance que par leur application à la production. Pour prospérer, une banque doit avoir la clientèle de l'atelier, de l'usine, de la mine, d'une grande entreprise de travaux. Mais la banque n'est pas née ; elle n'a pas de clientèle. Il faudra en créer une ; la mine sera dans l'Utah ; le nouveau chemin de fer reliera tous les châteaux en Espagne et comme chaque cervelle humaine y bâtit le sien, le transit ne peut manquer d'être considérable. Aussi les actions de la banque, de la mine, du chemin de fer montent prodigieusement. Vous n'en avez pas voulu au cours d'émission ; vous les payerez deux ou trois cents francs plus cher quelques mois plus tard. Non pas vous, lecteur petit ou grand, nous vous en avons assez dit pour vous prémunir contre le danger des placements à revenus extraordinaires. Pensez que si l'affaire que l'on vous présente sous de si brillantes couleurs était sérieuse, on n'aurait pas besoin de faire le siège de vos modestes économies péniblement amassées.

Lorsque vous cherchez à placer vos fonds, vous cherchez un associé pour les faire valoir. Ne vous adressez qu'à des personnes connues ou à des institutions ayant fait leurs preuves. N'oubliez pas que crédit veut dire confiance, et que c'est une grande imprudence de remettre ses intérêts aux mains du premier venu.

Si vous habitez la campagne, adressez-vous au notaire qui placera votre argent sur bonne hypothèque. Le percepteur se fera votre intermédiaire pour l'achat de rentes sur l'Etat, si vous avez des motifs pour préférer ce placement, à cause de l'avantage d'une réalisation facile du capital employé et du payement trimestriel des coupons.

A la ville, les notaires, banquiers et agents de change offrant toutes garanties ne manquent pas. Ne vous laissez pas séduire par les offres de service, ne donnez votre confiance qu'en connaissance de cause.

Après la caisse d'épargne, placez vos économies

sur garantie hypothécaire, en rentes françaises ou en obligations des chemins de fer. Laissez dormir les fonds étrangers.

Quant aux valeurs industrielles, préférez les obligations aux actions. Les actions sont quelquefois tentantes par les dividentes distribués; mais ces dividendes n'ont pas de fixité, et, si l'affaire est mal conduite, le capital est fort compromis.

Toutes les époques ne sont pas également favorables pour les placements en valeurs cotées à la bourse. Les affaires sont particulièrement difficiles en octobre et novembre; à un degré moindre en avril et mai. C'est le moment de se montrer pour les capitaux de placement. Il faut s'abstenir lorsque la hausse a duré quelque temps.

Craignez la mobilité de la roue de la fortune.

DOUZIÈME LEÇON

De l'industrie et des machines.

Le mot industrie désigne tout travail intelligent qui réalise une idée, qui donne corps à une conception, qui créc une richesse nouvelle.

Mais l'usage en a restreint la signification, et, lorsqu'on parle d'industrie, on entend généralement le travail de l'atelier et de la manufacture.

L'histoire de l'industrie est l'histoire de la civilisation elle-même. L'homme ne peut songer a cultiver son esprit que lorsque les ressources de l'existence matérielle sont abondantes. Il faut que le travail lui laisse des loisirs, que sa subsistance du lendemain soit assurée, que l'échange des services soit facile.

L'industrie ne pouvait qu'être un stimulant pour l'activité intellectuelle. Le travailleur s'est trouvé d'abord arrêté dans son œuvre par de grandes difficultés d'exécution. Il a cherché à les surmonter en se créant des instruments de travail. Les plus imparfaits de ces instruments sont le fruit de longues méditations. Le besoin d'un abri a amené les troglodytes à tailler des silex en forme de hache pour agrandir leurs grottes, pour couper un arbre. Pour rouler un tronc d'arbre ou déplacer un bloc de pierre, on s'est servi d'un épieu, en l'employant dans toutes les situations, jusqu'à ce qu'on ait découvert le jeu du levier. Toutes les expériences heureuses se sont transmises d'une génération à l'autre par voie de tradition. Chaque génération, s'appuyant sur les découvertes faites, a fait d'autres découvertes. Les esprits les plus pénétrants ont été frappes de l'analogie, de la correspondance de certains résultats obtenus par des moyens divers. Ils en ont cherché la cause et ont trouvé les premières lois de la science. *La science, née de l'industrie, est donc une source féconde de nouveaux progrès industriels.* La richesse acquise, c'est-à-dire le capital, a été employé à la production d'autres richesses. Le bien-être qui en est résulté a adouci les mœurs, rendu les concessions mutuelles plus faciles et préparé le triomphe de la justice et de la liberté sur la force brutale et le privilège inique.

L'industrie ne se développa en Gaule qu'après la

conquête de Jules César et sous l'impulsion des besoins d'une civilisation nouvelle. Des fabriques de drap, de toile, de cuir, d'armes, etc., s'établirent dans les grands centres créés par l'administration romaine. Mais les invasions des peuples du nord ruinèrent l'industrie, qui ne pouvait se relever avec la féodalité, les seigneurs vendant le droit d'ouvrir des ateliers et rançonnant les artisans à leur convenance.

Les artisans cherchèrent à se protéger contre les seigneurs en s'organisant en corps d'arts et métiers. Ces corporations s'enrichirent et contribuèrent puissamment à l'affranchissement des communes. Les croisades enrichirent l'industrie de nouveaux procédés et de produits inconnus, tels que la fabrication des soiries, l'emploi de l'orseille, du safran, de l'indigo et de l'alun dans les teintures, l'art de travailler l'émail, les métaux et les pierreries. Les guerres d'Italie nous valurent une invasion de luxe favorable à l'industrie, surtout au point de vue du bon goût. Henri IV répara le mal que les guerres de religion avaient fait à l'industrie française. Colbert la développa et voulut l'affranchir de toute dépendance à l'égard de l'étranger; mais il en compromit l'avenir par une réglementation trop étroite. L'ouvrier fut sacrifié au patron et le patron à la corporation. *Le monopole, c'est l'immobilité et la routine; il n'y a de progrès que dans la liberté.* Nous devons la liberté du travail à Turgot, liberté définitivement consacrée par un décret de l'Assemblée Constituante en date du 13 février 1791.

Les corporations proscrivaient les machines et l'émeute les brisait ou les brûlait. Dans notre siècle même depuis l'émancipation du travail, le métier Jacquart a été brûlé place des Terreaux, à Lyon, sur la sentence du conseil des prud'hommes.

Mais qu'est-ce donc qu'une machine, sinon un outil perfectionné? Pour faire une guerre équitable aux machines, il faudrait que le cultivateur renonçât à l'usage de la charrue et de la faux; le vigneron, du sécateur et du pressoir; le menuisier, du rabot et de la scie; le constructeur, du cric et des poulies; la fileuse, du rouet et du fuseau, et que chacun se contentât de ses ongles et de ses dents.

Le plus simple moulin est une grosse machine qui ne devrait pas trouver grâce devant les démolisseurs. Il faudrait manger son blé, sinon en herbe, du moins en grains écrasés entre deux pierres. Nous serions tout d'un coup revenus à l'état sauvage, et l'âme de Jean-Jacques Rousseau serait consolée.

L'outil diminue la peine de l'ouvrier et augmente sa puissance productrice. La machine ne fait pas autre chose; seulement les résultats sont beaucoup plus considérables. L'importance des résultats peut-elle être un mal? Oui, si c'est un mal d'être mieux logé, mieux vêtu, mieux nourri, plus instruit que par le passé.

Les tissus de coton multipliés à l'infini par les machines, livrés à la consommation à un bon marché prodigieux, ont permis la décence et les soins hygiéniques aux plus pauvres. La santé physique et morale des masses y a gagné, en même temps que le bien-être général.

Les machines à imprimer ont mis les bons livres à la portée de toutes les bourses, ont permis aux plus petites communes d'établir des bibliothèques gratuites. Ce sont les jouissances intellectuelles ajoutées au confortable matériel, grâce aux machines. Depuis qu'on fait des livres, il y en a de bons et de mauvais, comme il y a de l'ivraie qui croît parmi le bon grain; mais plus il y a de livres, plus la proportion des bons sur les mauvais augmente.

La locomotive et le paquebot à vapeur ont rapproché les villes d'une même nation et les nations les unes des autres. Ce rapprochement ne peut qu'être profitable à la civilisation et à la paix du monde.

Les machines transportant les fardeaux, faisant la

partie la plus rude des travaux de l'industrie, l'ouvrier allégé doit chercher à développer ses facultés en raison du rôle nouveau qui lui est attribué dans la production. *La machine est l'esclave moderne, et tout ouvrier est élevé à la dignité de conducteur et de chef.*

La main-d'œuvre est plus rare aujourd'hui qu'avant l'introduction des machines ; les salaires ont augmenté au lieu de diminuer. Que reprocher aux machines ? les chômages ? Mais les chômages durent peu lorsqu'ils ne sont que la conséquence de la transformation du travail par l'emploi des machines. La diminution des frais de fabrication amène le bon marché du produit, le bon marché appelle la consommation, et celle-ci active la production. De nouvelles machines deviennent nécessaires et le nombre des ouvriers employés de concert avec les machines dépasse bientôt le nombre de ceux que comportait la même industrie à bras. Une machine, en économisant des bras, des journées de travail, crée un capital qui vient lui-même à son tour alimenter le travail.

L'homme est poussé par les machines à s'elever dans l'échelle du travail, à transformer son activité, à faire plus de cas de sa force intellectuelle que de sa force physique. *On peut dire que la machine anoblit l'ouvrier.*

Si les villes manufacturières ne présentent pas toujours le spectacle de l'aisance et de la moralité, cela tient à ce que la paresse et le vice, qui n'ont rien de commun avec la vie industrielle, viennent y souiller la livrée du travail. Il y a de faux ouvriers qui disent manquer d'ouvrage et qui seraient bien fâchés d'en trouver, la mendicité et le vagabondage s'accordant mieux avec leur paresse invétérée. Il y a de mauvais ouvriers qui ne vont à l'atelier que lorsque argent et crédit leur manquent, qui se moquent des ouvriers laborieux et économes, qui se font renvoyer de partout à cause de leur irrégularité, de leur manque d'application et de conduite. Les machines n'ont rien à voir dans ces misères.

On accuse peut-être plus justement les grandes manufactures d'affaiblir l'esprit de famille en enlevant les femmes au foyer domestique, en les rendant presque étrangères à leur ménage, en privant les jeunes enfants de leur surveillance attentive et de leurs soins affectueux. En effet, la mère fatiguée d'une longue journée de travail est peu disposée, en rentrant à la maison, de courir à d'autres devoirs; les enfants, délaissés depuis le matin, n'ont pas toutes les compensations désirables de tendresse et de soins; le mari trouve son interieur froid et triste et devient plus accessible aux mauvais entraînements.

Il n'y a de travail moralement sain à la femme que

dans sa maison. L'atelier, le métier à la maison, comme pour l'industrie des soieries à Lyon, c'est la condition la plus favorable aux familles d'ouvriers.

Le mari travaillant au milieu des siens, la femme se reposant de sa tâche au métier par les soins domestiques, le cœur des enfants réchauffé dans cette chaude atmosphère, des habitudes d'ordre et l'émulation du bien : voilà le consolant tableau qu'un bon régime du travail peut réaliser.

Les crises industrielles se produisent avec tous les modes de travail; l'absence de machines et de métiers ne saurait les conjurer. L'industrie a ses lassitudes, ses disettes et ses engorgements, comme l'agriculture ses désastres résultant des orages ou de l'inclémence des saisons.

Les travailleurs n'ont qu'un moyen de se mettre à l'abri de ces épreuves généralement de courte durée, c'est d'être actifs et économes dans les temps prospères.

Inspirons la prévoyance aux ouvriers et nous n'aurons pas besoin de défendre les machines.

TREIZIÈME LEÇON

Du commerce et des intermédiaires.

L'industrie crée les objets nécessaires à la satisfaction des besoins de l'homme, le *commerce* les
échange, les transporte, les réunit, les distribue.

Le commerce diffère de l'échange simple dont nous
avons déjà parlé, en ce qu'il se fait par des intermédiaires appelés marchands ou négociants.

L'agriculteur perdrait son temps et laisserait ses
intérêts en souffrance, s'il était obligé d'aller à la recherche d'un consommateur de blé, de vin ou de
viande. Il trouverait rarement acheteur pour un bœuf
entier. L'ouvrier et le voyageur ont besoin de pain et
ne sauraient s'accommoder, lorsque la faim se fait
sentir, de quelques décalitres de blé.

L'industriel ne peut arrêter sa fabrication pour

courir après les clients, subordonner la production aux offres irrégulières de chaque jour, s'occuper des transports, donner satisfaction aux plus petites demandes.

Des intermédiaires entre les producteurs et les consommateurs sont indispensables; le marchand est aussi utile dans la vie sociale que l'ouvrier; nous dirons même que le marchand est un producteur.

Les richesses inutiles, perdues ou gaspillées, ne sont pas des richesses. Les arbres des forêts vierges qui tombent de vétusté et pourrissent sur place ne sont pas de la richesse au même titre que les arbres de nos forêts, débités en bois de construction et de chauffage. Les bœufs, si abondants dans les Pampas de l'Amérique du Sud, ne sont abattus par les chasseurs que pour la valeur du cuir, facile à transporter. La viande est à vil prix, parce qu'elle dépasse les besoins de la consommation locale et qu'il est difficile de la conserver fraîche pendant un long voyage.

Si le commerce transporte les arbres des forêts vierges dans les lieux où ils peuvent être utilisés, n'y a-t-il pas réellement production de valeur? Si l'on parvient à transporter en Europe, à peu de frais, les bœufs d'Amérique ou la viande conservée par des procédés simples, n'y aura-t-il pas création de richesse? *Utiliser ce qui se perd, c'est produire.*

L'Amérique, la Pologne et les plaines d'Odessa sont fertiles en céréales ; la production dépasse les besoins de la population. D'autres contrées, moins favorisées sous ce rapport, vont s'approvisionner sur les marchés où les céréales abondent, et grâce à l'activité commerciale de notre époque, les disettes sont rares et les famines presque inconnues.

Le commerce permet à l'agriculture et à l'industrie de se spécialiser. Les bonnes terres à blé peuvent entièrement être ensemencées en blé ; les coteaux propres à la culture de la vigne, plantés en vigne ; les vallons frais, être aménagés en prairies ; les montagnes, en pâturages et en forêts. Dans les contrées riches en minerais ou en combustibles, on établit des usines ou des fabriques ; les villes de commerce se fondent à l'embouchure des grands fleuves, au confluent des rivières navigables ou au croisement de voies de communication importantes.

L'échange des produits entre les villes et les pays les plus éloignés, c'est-à-dire le commerce, a pu seul donner toute sa puissance à la production. On produit parce que l'on trouve à vendre. Lorsque l'on vend facilement ce que l'on possède en excès, on achète volontiers ce qui fait défaut. Le commerce active la production et augmente la consommation. *La production activée, c'est le travail abondant ; la consom-*

mation accrue, c'est la jouissance et le bien-être à la portée de tous.

Il y en a qui pensent que le commerce est une taxe prélevée sur la production et la consommation. Rien n'est moins inexact. Le commerce tend au contraire à équilibrer les prix, c'est-à-dire à rendre le travail rémunérateur et à faire disparaître l'extrême cherté.

La récolte, par exemple, est-elle mauvaise en France, le prix du blé augmenterait d'une manière exorbitante et les pauvres auraient beaucoup à souffrir. Mais le commerçant s'est rendu compte de la situation ; il connaît les pays où la récolte a été abondante. Il fait venir des blés d'Amérique ou d'ailleurs ; il ne les vend pas ce qu'il veut, parce qu'il a des concurrents qui ont pensé et agi comme lui. Le blé est abondant sur les marchés et à un prix abordable. C'est un premier bienfait du commerce. Un second bienfait consiste dans l'encouragement donné à l'agriculteur, dans le pays où la récolte a été abondante. Par le fait de cette abondance, les prix auraient baissé au point de ne plus être suffisamment rémunérateurs pour le travail. D'un côté, souffrance à cause de l'insuffisance de la production et de l'élévation des prix ; de l'autre, encore souffrance à cause de l'abondance qui a produit l'avilissement des prix.

*C'est le commerce qui rétablit l'harmonie des inté-
rêts, au grand profit de l'humanité.*

Il y a aussi profit pour le négociant; c'est juste et
nécessaire. Si le travail, les calculs, les combinaisons, les risques, les inquiétudes du négociant n'é-
taient pas rémunérés, le commerce ne se soutiendrait
pas, personne ne voudrait d'une carrière aussi ingrate. Les fortunes honnêtes qui s'édifient dans le
commerce, font surgir de nouvelles maisons, établissent une concurrence qui favorise la consommation par l'abaissement des prix. La consommation
aiguillonne à son tour la production, et finalement le
travail et le bien-être progressent. C'est là, assurément, un progrès de fort bon aloi.

Le commerce en gros, qui ne cherche son profit
que dans l'importance du chiffre des affaires, dont les
bénéfices sur de petites quantités de marchandises
sont presque inappréciables, ne donne pas lieu à des
critiques aussi amères que le commerce en détail.

C'est pourtant le commerce de détail qui rend la
vie facile aux classes pauvres qui ne sauraient acheter les étoffes en grandes pièces, le vin à la barrique,
le bois au stère. A côté du restaurant, où l'on dîne à
trois francs par tête, il est bon de trouver le débit où
il est possible d'apaiser sa faim pour cinquante centimes.

Il y a des ménagères à la campagne, qui vont vendre une douzaine d'œufs à la ville, parce que le marchand qui parcourt les villages pour s'approvisionner en offre cinq sous de moins. Pour cinq sous, on perd au moins une demi-journée de travail qui vaudrait quinze sous, on use de la chaussure, on se fatigue beaucoup; mais perte de temps, fatigue, usure des vêtements ne paraissent rien devant cinq sous réalisés, tant les saines idées économiques sont peu familières aux ménagères les plus économes.

L'épicier du village a des frais de transport pour faire venir ses marchandises de la ville; il faut qu'il vive de son métier. Il fera payer le sucre, le sel, le café quelques centimes de plus par livre qu'à la ville; les habitants du village ont encore intérêt à s'approvisionner chez lui. Ils évitent des pertes de temps, des occasions de dépense, des frais de transports proportionnellement plus onéreux pour de petites quantités de marchandise que pour d'importantes expéditions.

Les intermédiaires sont aussi utiles au producteur qu'au consommateur, pour les affaires de détail que pour le commerce en gros, à la campagne qu'à la ville. Un commerçant probe est un producteur, qui augmente la fortune publique en s'enrichissant lui-même.

QUATORZIÈME LEÇON

Liberté des transactions.

La liberté de disposer, par voie d'échange de ce que l'on possède, c'est-à-dire de vendre et d'acheter, découle du droit de propriéte. Si on n'est pas libre de céder, de transporter à autrui ce qui vous appartient en propre, la propriété n'existe pas et le droit naturel est méprisé.

L'équité veut que toute transaction soit loyale, c'est-à-dire conforme à l'équivalence ressortant de l'offre et de la demande.

L'intervention de la puissance publique en faveur du producteur ou du consommateur, ne peut qu'entraver le développement du commerce et de l'industrie, par conséquent de la richesse nationale.

La nation française respecte aujourd'hui la liberté

du commerce à l'intérieur ; mais elle se protège encore plus ou moins contre l'introduction des produits étrangers, quoique *le libre échange* ait fait de grands progrès dans les idées.

Pour faire comprendre à nos jeunes lecteurs ce qu'on entend par *libre échange*, nous réduirons le monde à deux propriétaires voisins, sans porter atteinte à la vie de personne.

L'un de ces propriétaires possède une belle vallée formée de terres fertiles et de riches prairies L'autre, des coteaux couverts de vignobles donnant en abondance du vin d'excellente qualité. Le blé viendrait mal sur les coteaux et la vigne ne réussirait pas dans la vallée. Le propriétaire de la vallée demandera du vin à celui des coteaux, qui prendra en échange le blé que les coteaux ne produisent pas. Il a fallu autant de travail pour produire un hectolitre de vin que pour produire deux hectolitres de blé. L'échange se fera loyalement sur le pied d'un hectolitre de vin pour deux hectolitres de blé, et l'abondance régnera, avec la concorde, dans notre monde réduit. C'est le *libre échange*, c'est-à-dire le mode de rapports le plus favorable au bien-être des deux parties.

Mais la vue nette de leurs vrais intérêts peut manquer à deux propriétaires comme à des millions d'hommes.

Le propriétaire de la vallée, aveuglé par la cupidité, se demande un jour pourquoi il ne troquerait pas son blé, quantité pour quantité, contre le vin de son voisin. Le voisin refuse, à juste titre, et l'on se met à semer du blé sur les coteaux et à planter de la vigne dans la vallée. Avec beaucoup de travail, on n'obtient que de chétives récoltes en blé sur les terrains favorables à la vigne et les prairies défrichées ne deviennent point de bons vignobles. On travaille davantage des deux côtés et on vit plus mal. Voilà le résultat inévitable de toute entrave à la liberté des transactions.

La diversité des climats, de la nature du sol, des aptitudes des hommes, rendent les nations tributaires les unes des autres pour la satisfaction des besoins que les progrès de la civilisation tendent à augmenter sans cesse. Ce besoin d'assistance mutuelle produit aussi des rapprochements favorables à l'accomplissement des destinées morales de l'humanité.

Le commerce à l'étranger comprend l'exportation et l'importation. Dans l'exportation, les produits nationaux passent à l'étranger ; dans l'importation, il y a introduction des produits étrangers.

C'est principalement sur cette introduction que s'est établie la lutte des tarifs de douane entre les nations. Frapper les blés étrangers, par exemple, de forts droits d'entrée, semblait une protection accordée à l'agriculture nationale. C'est un faux calcul qui peut avoir des conséquences déplorables. *La cherté du pain n'est jamais un bien et elle peut devenir une calamité.*

Les producteurs ne sont pas exclusivement producteurs ; ils consomment même plus nécessairement qu'ils ne produisent.

Les hauts prix des denrées de première nécessité peuvent amener une élévation des salaires ; mais la dépense augmentant, l'ouvrier agricole ou industriel n'a ni plus de bien-être, ni plus de facilité à faire des économies. En cas de maladie ou de chômage, sa misère est plus grande.

Pour maintenir les hauts prix du blé, il faut que l'agriculteur abaisse sa production à la limite de la consommation normale.

Qu'une récolte mauvaise survienne, le déficit ne pourra pas être comblé par les approvisionnements nationaux. Il faudra subir la loi des étrangers, et cette loi sera d'autant plus dure que la production étrangère aura été moins encouragée par les importations en temps ordinaire.

L'Amérique possède de vastes plaines très fertiles, que l'on défriche progressivement, et qui donnent de magnifiques récoltes à peu de frais. La population n'est pas encore assez dense pour équilibrer la production et la consommation. La majeure partie du blé produit est expédiée sur les marchés de l'Europe, qui ne s'en nourrit pas sans se plaindre de la concurrence. C'est une ingratitude, car le Nouveau Monde a épargné bien des misères sinon des famines à l'Ancien. Si les marchés européens étaient fermés aux blés des Etats-Unis dans les années d'abondance, les Américains réduiraient leur production, et, dans les années de disette, les approvisionnements seraient très difficiles. En outre, les bras qui ne trouveraient pas un emploi fructueux aux travaux agricoles, se tourneraient vers l'industrie, et nos exportations en objets manufacturés seraient diminuées. *Par l'effet de la protection, nous pourrions nous trouver sans blé et sans argent.*

Le commerce, c'est-à-dire l'échange de contrée à contrée, de peuple à peuple ne vit que de réciprocité. On ne peut vendre qu'à ceux qui ont de quoi payer ; on n'a de quoi payer que parce qu'on a vendu.

L'idéal pour les partisans de la *balance du commerce*, c'est de vendre beaucoup et d'acheter peu. Mais ce séduisant procédé ne peut pas durer. Une nation pour subvenir à ses importations, doit exporter des marchandises ou de l'argent. L'argent s'épuise vite ; *il n'y a de richesses inépuisables ou indéfiniment renouvelables que celles qui résultent du travail de l'homme appliqué à la production agricole ou industrielle.* Une fois l'argent epuisé, le débouché se ferme, et une grande perturbation se produit dans les affaires de la nation qui a ruiné sa voisine par de trop avantageuses *balances du commerce.*

D'ailleurs, l'abondance seule de l'argent fait pencher la balance en sens inverse. La valeur d'échange de la monnaie diminue lorsque la quantité d'or ou d'argent augmente ; le prix ou la valeur nominale des marchandises s'éleve, et cette élévation attire les produits étrangers. L'argent s'écoule, et la balance du commerce est en déficit jusqu'à ce que l'équilibre soit rétabli dans les échanges.

Le profit de l'un n'est pas le dommage de l'autre, comme l'a dit Montaigne. Il faut, au contraire, qu'il y ait profit pour les deux parties pour qu'un marché se réalise, dans le plus grand nombre de cas. Mais ce double gain n'a lieu que sous le régime de la liberté des transactions. La protection favorisant l'une des parties, fausse les rapports de producteurs à consommateurs, nuit à la production et par conséquent à la richesse publique.

Supposons que la France admette en franchise les fers et les charbons d'Angleterre, et que l'Angleterre établisse un droit de vingt pour cent sur les vins de France. Il faudra au commerce anglais pour cent vingt francs de fer ou de charbon pour payer pour cent francs de vin. Il est vrai que les vingt francs formant la différence iront dans les caisses du fisc anglais. C'est donc simplement un impôt tombant sur les nationaux au lieu de tomber sur les étrangers qui étaient visés.

Sans doute la production des vins en France pourra être atteinte du même coup et la protection causera deux maux au lieu d'un.

C'est bien le cas de dire, avec plus de raison que Montaigne, *que le dommage de l'un est le dommage de l'autre, et que l'intérêt bien compris commande la concorde et la fraternité aux nations comme aux particuliers.*

Remarquons toutefois que la concorde ne dépend pas d'une seule des parties, et qu'il faudra toujours se défendre contre ses ennemis par des mesures en rapport avec la nature de l'attaque.

Le libre échange, comme la paix universelle, est un idéal difficile à réaliser dans toute son étendue, malgré l'évidence des avantages qu'il comporte.

QUINZIÈME LEÇON

Des coalitions et des grèves.

Dans la plupart des traités d'économie politique, la question des *grèves* vient immédiatement après celle des *salaires*. Nous n'avons voulu l'aborder qu'après l'étude des principes essentiels de la science économique, afin que nos lecteurs aient plus de ressources pour juger dans quel abîme l'exagération d'un principe de liberté peut précipiter des travailleurs ignorant les lois du travail.

Il n'est assurément pas mauvais que les ouvriers se réunissent, se concertent, s'entendent pour examiner la situation qui leur est faite par les patrons, pour étudier le rapport du taux de leurs salaires avec l'offre et la demande du travail, pour apprécier les profits de leur industrie et proposer un règlement équitable des droits du capital et du travail.

Le droit de se réunir, de se concerter, de se coaliser est aujourd'hui reconnu aux ouvriers comme aux patrons. Mais aucune loi sur *les coalitions* ne peut modifier la nature des choses, rendre vaine la loi de l'offre et de la demande, condamner un patron à se ruiner en produisant à perte, gêner l'action du capital sans nuire au travail.

Les coalitions ayant pour but des représentations calmes, réfléchies, étudiées, d'ouvriers à patrons, ou de patrons à ouvriers, en vue d'une entente sur les taux des salaires ou le règlement des heures de travail, peuvent être fort utiles en faisant disparaître les malentendus, en dissipant des préventions et ramenant la confiance. Ce ne sont pas des grèves.

Nous appellerons grèves le refus irréfléchi de travail par la masse des ouvriers, à la suite de demandes en augmentation de salaires que les chefs d'industrie n'ont pu ou voulu favorablement accueillir.

Lorsque le mécontentement des ouvriers est général, persistant ; qu'il provient d'une insuffisance réelle des salaires ; que la gêne atteint les ouvriers économes et laborieux, il y a lieu d'aviser pour les patrons et leurs intérêts leur commandent des sacrifices.

Mais lorsque la vie est facile pour les bons travailleurs, que les revendications partent des mauvais, que la résistance s'organise dans les cabarets le verre en main, les ouvriers honnêtes doivent se tenir sur leurs gardes et opposer la ligue du bien à la ligue du mal pour prévenir des catastrophes.

Avant de demander une augmentation de salaire, il faudrait s'assurer si les bénéfices du chef de l'industrie comportent cette augmentation, par conséquent connaître le prix des matières premières, les frais de transport, les frais de fabrication, le loyer des immeubles de l'usine, la valeur des machines, les frais de réparations et l'estimation de l'usure annuelle de ces machines, la quantité et le prix de vente du produit, la facilité d'écoulement, le montant des pertes éprouvées chaque année en moyenne, le capital roulant engagé dans l'entreprise, l'état du commerce intérieur et extérieur et son influence probable sur les affaires de la maison.

Les points d'examen, on le voit, sont nombreux et délicats. Si les grèves ne se produisaient qu'après une étude approfondie de la situation respective de l'ouvrier et du chef d'industrie, il n'y aurait jamais de grèves.

Les grèves sont généralement fomentées par des ouvriers qui craignent le travail et aiment la dépense.

Par comparaison, la situation du patron paraît toujours brillante aux ouvriers, et l'envie est facile à éveiller dans leurs cœurs. Les meneurs n'ont pas beaucoup à faire pour semer les mauvais sentiments et inspirer l'esprit de révolte. S'ils échouent auprès de quelques natures d'élite en soufflant la haine, ils ont recours à l'intimidation. Celui qui continuerait à travailler serait considéré comme un ennemi des autres ouvriers et s'exposerait à des insultes et peut-être à des voies de fait.

La grève est donc souvent une cessation générale de travail par des ouvriers qui veulent arracher au patron des concessions déraisonnables. C'est l'abus de la puissance du nombre qui, comme tous les abus, a toujours des conséquences fâcheuses pour ceux qui le commettent.

Les ouvriers sont rarement assez versés dans les connaissances économiques, assez au courant de l'état réel des affaires de la maison qui les emploie, pour pouvoir appuyer leurs revendications sur des motifs raisonnables. Ils n'ont d'autre guide que ce qu'ils prennent pour leur intérêt, oubliant que *la convoitise est toujours l'ennemie de nos vrais intérêts.*

Un patron résiste à une demande d'augmentation de salaire parce que cette augmentation le constituerait en perte ; les ouvriers ne se rendent pas à ses raisonnements parce que les lumières et la confiance leur manquent. La grève éclate ; en voici les conséquences pour le patron et pour les ouvriers.

Les dépenses ne s'arrêtent pas avec la production ; les bâtiments, les machines, l'outillage, qui représentent souvent un capital énorme, restent improductifs. La perte par jour d'arrêt est considérable ; si l'arrêt dure, la ruine du chef d'industrie est imminente. Son embarras est encore accru par les matières premières en magasin. Il comptait sur la fabrication et l'écoulement des produits pour faire honneur à ses engagements ; cette ressource venant à lui manquer, la situation est des plus critiques. Une grève prolongée peut conduire le patron à la faillite. Les ouvriers le savent, et la grève est quelquefois pour eux un moyen d'intimidation plutôt que la dernière ressource d'une revendication légitime.

La grève, comme moyen de pression, peut être un très mauvais calcul de la part des ouvriers. Le patron, en présence des conséquences désastreuses de l'arrêt de la production, cède momentanément. Mais ce n'est souvent que pour liquider sa situation dans les conditions les moins défavorables possibles. Peu à peu le travail se ralentit; les ouvriers sont renvoyés un à un et finalement tous les ateliers sont fermés. Les ouvriers ainsi disponibles vont grossir l. demande de travail ; ce n'est plus une augmentation de salaire qu'ils réclament, ils offrent leurs bras au rabais et font baisser les salaires des autres ouvriers.

Le résultat final d'une tentative qui paraissait avoir heureusement abouti pour les ouvriers, n'est pas bien encourageant.

La lutte soutenue, continuée, aboutit encore à la défaite pour les ouvriers. Les patrons font de grandes pertes: mais ils ont de quoi vivre longtemps dans l'abondance sur le capital, c'est-à-dire le travail antérieur. Les petites économies de l'ouvrier sont bientôt dévorées; il engage l'avenir en contractant des dettes. Le crédit lui fait promptement défaut. Il vit de privations; les privations altèrent sa santé et lorsqu'il voudrait travailler, il ne le peut plus.

Nous pourrions encore assombrir ce tableau en restant dans la vérité; mais nous préférons donner en peu de mots les raisons scientifiques des conséquences désastreuses des greves.

Nous savons que le capital est un puissant instrument de production. Un arrêt dans le travail diminue le capital du côté des ouvriers comme du patron. Ce n'est pas une nouvelle activité qui peut suivre la grève, mais un état plus ou moins languissant jusqu'à la reconstitution du capital perdu.

Le taux des salaires suit la loi de l'offre et de la demande. La grève ne supprime pas les bras, ne diminue pas la demande; elle ne fait que la suspendre. *Le retour au travail est fatal comme les besoins physiques qui l'imposent.* Il n'y a pas de raison économique d'augmentation de salaire dans une grève, tout au contraire. Les bras restant les mêmes et le travail ayant diminué par suite de la perte de capital, la diminution des salaires est inévitable.

L'entente entre les patrons et les ouvriers, le règlement amiable des difficultés qui peuvent surgir, la bienveillance et la justice d'un côté, un concours consciencieux et dévoué de l'autre: voilà les conditions essentielles d'une prospérité industrielle durable.

SEIZIÈME LEÇON

Associations ouvrières.

Les associations ouvrières ne datent pas de nos jours ; elles remontent à une haute antiquité.

Numa institua à Rome des collèges d'artisans dans un but d'organisation sociale. Il y eut d'abord huit collèges répondant à autant d'industries. Chaque collège était administré par un syndic et un nombre de décurions en rapport avec son importance numérique. L'association possédait un revenu, un fonds commun pour payer les dépenses des sacrifices religieux particuliers, des repas, des cérémonies qui avaient lieu à des époques déterminées.

Cette organisation ne donna pas la liberté aux artisans qui furent presque attachés au collège comme plus tard les serfs à la glèbe.

Les collèges d'artisans multipliés devinrent des instruments de parti, d'agitation, dans les comices de la république. A la fin de l'empire, ils envahirent l'administration civile, sans profit pour la liberté individuelle : *l'artisan était ramené de force au collège, comme le curial à la curie.*

Les collèges d'artisans disparurent avec la nation romaine démembrée par les Barbares. Le travail demeura sans organisation sérieuse jusqu'à l'établissement des *corps de métiers* dans les onzième et douzième siècles.

Les corps de métiers étaient, comme les collèges d'artisans, des associations d'ouvriers de la même profession ; mais avec cette différence profonde que les collèges étaient des institutions d'Etat, tandis que les corps de métiers étaient des institutions libres.

On ne ponvait quitter le collège sans avoir fait agréer un successeur par la communauté. On n'entrait dans le corps de métiers qu'après de longues et coûteuses épreuves, mais on en sortait librement.

On voit que la première association était oppressive, et la seconde protectrice du sociétaire.

La condition de l'artisan dans un collège était à peu près celle d'un soldat dans un régiment. L'ouvrier, dans un corps de métier, était, au contraire, un véritable privilégié.

Mais le privilège du producteur est préjudiciable au consommateur. D'ailleurs, la protection accordée à une industrie établie paralyse les efforts nouveaux, éteint l'émulation, rend la concurrence impossible et entrave tous les progrès.

Les corps de métiers, grâce à l'appui du gouvernement, qui croyait favoriser le travail en le réglementant étroitement, jouirent du monopole le plus étendu. Cela n'empêcha pas les patrons d'opprimer les ouvriers : *le travail eut une aristocratie fermée, défendue par des apprentissages interminables et l'épreuve du chef-d'œuvre.*

Ce n'est qu'à la fin du dernier siècle, par suite des premiers travaux des économistes et du progrès des idées libérales, que la liberté du travail pût être proclamée.

Malheureusement, le principe d'association fut condamné comme responsable de tous les maux passés. Il a fallu une nouvelle expérience de près d'un siècle pour démontrer que la liberté d'association n'est pas l'ennemie de la liberté du travail. *Les libertés se corrigent les unes par les autres, tandis que les obstacles mis à l'exercice d'un droit naturel irritent et portent à de funestes excès.*

Faute de lumières, les ouvriers méconnaissent la puissance du capital, sont portés à lui déclarer la guerre ou du moins à l'isoler.

Les nouvelles associations ouvrières se fondent en vue d'échapper à ce que les ouvriers appellent la tyrannie du capital et des patrons. *Un préjugé ne peut être un bon guide;* le nombre des associations ouvrières qui vivent et prospèrent est fort restreint. Voyons ce qui se passe dans les cas les plus heureux.

Dès qu'un certain nombre d'ouvriers ont pu s'entendre et se constituer en société de production, leur premier soin est de créer un ou plusieurs administrateurs de l'association. Ces administrateurs sont, en réalité, des patrons qui apportent au moins un certain capital intellectuel. Chaque sociétaire fait des prodiges de travail et d'économie. Les affaires grandissent avec les bénéfices et l'association arrive, après un temps plus ou moins long, à faire bonne figure dans le monde industriel.

On proclame merveilleuse la puissance de l'association ouvrière; il nous sera facile de faire voir que les résultats obtenus sont dus à l'action combinée du travail et du capital.

Si, au début de la société, les ouvriers sociétaires ne possèdent que leurs bras et la connaissance de leur métier, ils sont obligés d'avoir recours au crédit pour se procurer des outils et des matières premières, pour avoir un rabot et une planche à raboter, une forge et du fer à forger. Il faut qu'ils vivent en attendant la confection et la vente de leurs produits, et ils ne peuvent vivre qu'à crédit. *Mais le crédit, c'est l'usage d'un capital appartenant à autrui.* Le capital réapparaît dès le premier acte d'existence de toute association créée en vue d'émanciper le travail du capital. On a voulu séparer deux choses inséparables, le travail de la veille du travail du lendemain ; on n'est arrivé qu'à un résultat, diminuer la puissance productrice, revenir au point de départ au lieu de profiter du chemin parcouru pour s'élancer en avant.

L'association naissante pense vivre et croître sans capital parce qu'elle vit de privations et grandit par ses économies. Mais les économies de la veille, de la génération ou des générations précédentes sont de même nature que les économies du jour et du lendemain. Lorsque l'association a prospéré, qu'elle a acquis des immeubles, établi des ateliers, qu'elle s'est créé des relations, des débouchés, elle se ferme pour les nouveaux venus. Chaque ancien sociétaire est un capitaliste, un actionnaire bénéficiant non seulement de son travail quotidien, mais d'une part dans les profits de la société. L'ouvrier non sociétaire n'est pas mieux traité que par un autre patron. C'est toujours la domination du capital : *chassez-le, il revient au galop, comme le naturel.* C'est, en effet, dans la nature des choses que le travail antérieur féconde le travail du jour, le rende possible. Le morceau de pain que nous mangeons, c'est du travail antérieur, du capital ; on aura beau se liguer, il ne sera pas facile de s'en passer.

Les associations ouvrières peuvent réussir ; mais à la condition de se conduire comme les particuliers qui reussissent dans l'industrie ou le commerce. Il leur faut les mêmes qualités : ardeur au travail, économie, ordre et vigilance. Le succès des associations ouvrières dépend de l'intelligence, de l'activité, de la conduite des ouvriers qui dirigent et de la discipline de ceux qui travaillent. Si la tête n'est pas bonne ou si elle n'est pas obéie, l'association échoue lamentablement. *Il n'y a pas d'association possible entre l'activité et la paresse, la régularité et le désordre, l'économie et l'intempérance.* Le paresseux dissipateur ne sera jamais l'égal du travailleur économe. Celui-ci n'est point opprimé par le capital ; il en reçoit, au contraire, une facile assistance pour s'élever.

La plupart des patrons d'aujourd'hui ont été des ouvriers d'hier, et les ouvriers d'aujourd'hui seront les patrons de demain. Pourquoi tant de défiance de part et d'autre ? C'est, la plupart du temps, parce qu'entre le véritable ouvrier et le patron consciencieux viennent s'interposer des ouvriers qui n'aiment pas le travail, qui voudraient vivre dans la paresse, qui accusent les autres de misères dont ils sont les propres artisans. *La bonne foi réciproque des ouvriers et des patrons fera mieux les affaires de tous qu'une guerre aveugle.*

En agriculture, le *cheptel* et le *métayage* sont des formes de l'association de production. Mais le *fermage* qui laisse plus de liberté au véritable producteur, le fermier, qui stimule davantage son activité et son zèle, est le meilleur mode d'exploitation agricole.

Les petits propriétaires pourraient utilement s'assoier pour l'achat et l'usage en commun d'instruments et de machines agricoles, pour de grands travaux de drainage ou d'irrigation demandant un plan d'ensemble. Une bonne batteuse pourrait servir à tout un village ; il en serait de même d'autres machines inapplicables à la petite culture.

Le four banal et le berger communal que l'on trouve encore dans les pays de montagne sont les restes d'anciennes associations agricoles. Les boulangers ont fait abandonner le four banal ; la vente des terrains communaux a fait disparaître le berger communal. L'association, pour se continuer aujourd'hui, doit trouver des formes plus perfectionnées.

Les associations de consommation ont réussi lorsqu'elles ont été établies par des compagnies ou de grands industriels. Les *économats* de plusieurs compagnies de chemins de fer fournissent aux employés des vêtements et même des denrées alimentaires à un prix bien inférieur à celui du commerce libre. Une association, on le comprend, est traitée par les producteurs comme le commerce en gros, quelquefois plus avantageusement, si l'association est très importante et qu'elle paye comptant. On lui vend pour renouveler un vieux fonds, pour entreprendre une nouvelle fabrication, pour faire de l'argent dans un besoin pressant Les économats ou les magasins établis par des chefs d'industrie peuvent offrir des avantages aux employés et aux ouvriers, parce qu'ils sont gérés par un personnel bien surveillé, facile à renouveler; parce que la caisse de l'établissement s'ouvre toujours lorsqu'on peut profiter d'une occasion favorable pour les approvisionnements.

Le gérant et les commis d'une association de particuliers n'offriraient pas les mêmes garanties, ne disposeraient pas des mêmes ressources. Souvent le bon marché des marchandises ne serait obtenu qu'au détriment de la qualité. Le crédit exposerait l'association à des pertes; la vente au comptant livrerait les associés à la merci des commerçants rivaux dans les moments les plus difficiles. L'association de consommation n'est praticable pour les ouvriers que lorsqu'une retenue peut être exercée sur leur salaire, c'est-à-dire qu'autant qu'elle relève d'une compagnie ou d'un chef d'industrie.

D'ailleurs, les associations de consommation pousseraient à la production à bon marché. Le bon marché n'est souvent obtenu qu'au détriment des salaires. On sait que les maisons de confection de vêtements n'arrivent à vendre à un extrême bon marché, qu'en faisant travailler presque pour rien de malheureuses femmes que le travail ne peut sauver de la misère.

Pousser à l'abaissement des prix des objets de consommation, c'est pousser à la diminution des salaires. Supprimer les intermédiaires entre le producteur et le consommateur, c'est supprimer une branche importante de la division du travail et, par conséquent, reculer au lieu d'avancer.

L'association tacite résultant de la division des fonctions, de l'échange des services, stimulée par la concurrence, protégée par la liberté, est la condition la plus sûre du bien-être social.

DIX-SEPTIÈME LEÇON

Dépenses privées. — Epargne.

La dépense, c'est la consommation des richesses, la satisfaction donnée aux besoins ou aux désirs, le stimulant du travail après en avoir été la nécessité.

La dépense n'est pas toujours une destruction : il y a au contraire beaucoup de depenses productives.

La nourriture nécessaire à l'ouvrier pour renouveler ses forces épuisées par le travail, pour entretenir sa santé et sa vigueur contribue à la production de nouvelles richesses.

La dépense de drainage d'une terre humide, peu productive, transformée et rendue fertile par cette opération, n'est pas évidemment une destruction de richesses.

Les frais d'établissement d'un chemin agricole qui fait gagner du temps au laboureur, qui ménage les attelages et le mobilier roulant constitue une dépense productive.

Toute dépense utile à un agent producteur, pour entretenir ou augmenter son activité physique ou intellectuelle, est productive.

Dans la famille, les frais d'éducation des enfants sont à classer parmi les dépenses qui rapportent le plus, qui procurent le plus d'avantage aux individus et à la société.

Les dépenses improductives sont celles qui ne profitent ni au travail ni au travailleur.

L'argent dépensé au cabaret par l'ouvrier, ou en luxe de table par le riche ne produisent que le dégoût du travail pour l'un et des infirmités pour l'autre.

Le luxe des vêtements ou l'exagération de la toilette, qui gagne toutes les classes de la société, cause bien des ruines matérielles et morales. Pour se donner le superflu en habillements ou en ajustements, on se condamne à une alimentation insuffisante, à des privations qui altèrent la santé, ou l'on cède à des tentations plus funestes encore.

Le luxe de l'ameublement, qui constitue aussi pour les particuliers une dépense improductive, présente pourtant moins d'inconvénients. Une maison meublée confortablement, ornée avec goût témoigne de l'esprit d'ordre, de l'amour du propriétaire pour la vie d'intérieur et les plaisirs calmes, d'une certaine dignité d'existence.

Le luxe nourrit les arts; les arts doivent être encouragés dans leurs nobles manifestations par les Etats et les riches particuliers. Mais les personnes qui n'ont qu'une modeste aisance ne doivent pas oublier le proverbe : *celui qui achète le superflu dans la prospérité vendra le nécessaire dans l'adversité.*

Savoir dépenser, c'est-à-dire dépenser à propos et en temps opportun n'est pas aussi commun qu'on le suppose.

Il y a des propriétaires avares qui, faute de faire réparer à temps une toiture, à peu de frais, laissent se produire des dégradations considérables qui déprécient fortement l'immeuble et nécessitent des dépenses importantes pour le remettre à moitié en état. D'autres lésinent sur la nourriture des animaux domestiques qui dépérissent, ne donnent qu'une somme de travail peu considérable et ne trouvent pas acheteurs sur le marché. *La ruine est souvent la conséquence d'une économie mal entendue.*

Des industriels se laissent écraser par la concurrence pour conserver, aveuglés par l'avarice, un outillage défectueux, veilli, en mauvais état. La dépense du renouvellement du matériel aurait été couverte cent fois par la diminution des frais de fabrication ; les bénéfices se seraient accrus avec le chiffre des affaires. *On perd tout pour n'avoir pas su dépenser à temps.*

Il ne faut pas ajourner les dépenses productives ; il ne faut pas faire les choses à demi lorsqu'il y a possibilité, et il est mieux de remédier par de légers sacrifices à un mal naissant que de lui laisser prendre des proportions capables de tout compromettre.

Les dépenses improductives au contraire doivent nous tenir toujours en défiance. Il ne faut les laisser passer qu'après en avoir reconnu la nécessité, qu'après les avoir comparées aux ressources et bien constaté que les ressources l'emportent. Les dépenses doivent être prévues à l'avance et balancées avec les recettes, c'est-à-dire le produit du travail ou le revenu. Cela s'appelle faire son *budget*. Il ne faut porter à son budget que les recettes bien assurées et tenir compte des pertes pouvant résulter soit du chômage, sont d'une mauvaise récolte, selon sa situation d'ouvrier industriel ou de cultivateur. Les rentiers eux-mêmes ont des pertes à prévoir, et il est toujours prudent de ne pas exagérer le chiffre des recettes.

Les dépenses, au lieu d'être atténuées, doivent être minutieusement recensées, sans quoi les prévisions seraient dépassées, et un déficit, c'est-à-dire un gouffre béant, s'ouvrirait sous nos pieds. Bien des familles sont tombées dans l'infortune et le déshonneur pour s'être abusées sur le rapport de leurs dépenses à leurs ressources.

Pour les dépenses, la pente est douce et glissante et on s'y laisse facilement aller. Mais les recettes subissent souvent des lenteurs et sont sujettes à des infidélités. *Serrer le frein pour les dépenses; évaluer ses ressources plutôt au-dessous qu'au-dessus de la réalité, tel est le moyen de faire honneur à ses affaires.*

Une des plus fréquentes causes de l'exagération des dépenses, c'est l'appât du bon marché. Une femme peut se passer d'une nouvelle robe; mais elle voit à l'étalage d'un magasin une étoffe qui l'attire par le bon marché. Elle achète la robe et se félicite de son acquisition. Mais la robe ne va pas toute seule; il faut renouveler toute la toilette pour que le vieux ne jure pas avec le neuf, et en fin de compte la dépense est importante.

D'autre fois c'est un meuble qui ne coûte pas cher et qui ferait bon effet dans la chambre ou le salon. Le meuble est acheté ; mais on s'aperçoit que le reste de l'ameublement n'est pas assorti à l'objet acquis. L'harmonie, la symétrie manquent. On les rétablit au préjudice de l'équilibre du budget.

D'ailleurs le bon marché n'est obtenu le plus souvent qu'au détriment de la qualité. Les vêtements à trop bon marché font peu d'usage ; les ameublements se fanent ou se détériorent rapidement. Il faut les renouveler fréquemment, et la dépense répétée devient très lourde. *Il n'y a souvent rien de cher comme le bon marché.*

Équilibrer ses dépenses et ses recettes, c'est quelque chose ; mais la prévoyance exige davantage. Dans la santé, il faut penser à la possibilité de la maladie ; dans l'âge de la force, il ne faut pas oublier l'impuissance de la vieillesse.

On travaille du reste pour améliorer son sort et celui de sa famille, pour conquérir ou conserver son indépendance.

Une des premières conditions de l'indépendance, c'est d'être à l'abri du besoin. Mais on n'assure sa subsistance du lendemain que par l'*épargne* d'une partie du produit de son travail de la veille.

C'est l'épargne qui engendre le capital, dont la puissance productive nous est bien connue.

Tout le monde peut épargner. L'ouvrier qui gagne cinq francs par jour, n'éprouvera aucune privation sérieuse en ne dépensant que quatre francs ou quatre francs cinquante centimes au lieu des cinq francs qu'il reçoit. Celui qui gagne moins pourra toujours mettre de côté quelques sous. Ces sous accumulés feront à la fin de l'année une somme relativement importante, un noyau qui ira toujours grossissant. L'épargnant pourra d'abord faire ses approvisionnements en demi-gros et au comptant, c'est-à-dire vivre à meilleur compte et augmenter ses économies. Les sommes économisées lui permettront plus tard, si sa profession le comporte, de travailler pour son compte et de devenir petit patron. *Le petit patron deviendra grand pourvu qu'il conserve l'habitude de l'économie.*

Dans l'épargne il y a un profit encore plus important que l'argent ramassé, c'est l'éloignement des grossières et dangereuses distractions du cabaret. Un homme économe est un homme rangé, vivant dans sa famille, y trouvant affection et contentement en retour de sa régularité et de son dévouement.

Pour réussir à épargner, il suffit de commencer,

et pour cela, il ne faut pas un courage extraordinaire. La bonne volonté des premiers jours se change vite en habitude et l'habitude en plaisir.

C'est une noble satisfaction d'échapper un peu chaque jour à l'esclavage de la nécessité, de vivre dans l'espérance fondée d'un avenir meilleur, d'entrevoir le repos dans la vieillesse, de pouvoir se dire un membre utile à la société. Economiser, c'est en effet augmenter le capital social et contribuer au bien-être général.

L'homme qui vit de charité, au contraire, consomme sans produire, diminue la richesse nationale, retarde la marche de l'humanité vers des destinées meilleures. C'est l'imprévoyance du pauvre qui perpétue le paupérisme. On ne saurait l'éteindre par l'assistance publique puisque les ressources de cette institution sont un capital détruit qui appauvrit le corps social.

L'épargne qui crée le capital est le seul remède efficace du paupérisme.

L'économie ne doit pas dégénérer en avarice non plus que la dépense en profusion. *Il ne faut rien dépenser mal à propos;* voilà la règle la plus essentielle de l'économie. Toute dépense, quelque minime qu'elle soit, doit se justifier par une réelle nécessité. Il faut regarder à un sou, lorsque la dépense est superflue, et ne pas hésiter à employer cent francs à un usage profitable.

La dépense même pour un bon usage, ne doit pas dépasser les revenus. Mais si des circonstances imprévues ont fait contracter des engagements pécuniaires, il faut se libérer le plus tôt possible, car, comme le dit un sage proverbe plus connu que médité, « *Qui paye ses dettes s'enrichit.* » La liberté est un bien précieux et l'homme qui a des dettes n'est pas libre ; il est exposé à des humiliations qui lui rendent sa chaîne bien lourde. Il doit, comme l'esclave, avoir souvent recours aux subterfuges et au mensonge lorsqu'il rencontre ses amis qu'il fuit depuis qu'ils sont ses créanciers.

La pratique de l'épargne, c'est-à-dire le maintien de ses dépenses à un chiffre inférieur à son revenu, est la meilleure sauvegarde contre les dettes et les créanciers.

DIX-HUITIÈME LEÇON

Dépenses publiques. — Impôts.

L'état social implique des dépenses communes, utiles à la nation entière, souvent même indispensables à son existence et à sa grandeur.

Une nation a besoin de se défendre contre l'ambition des nations voisines et par conséquent d'entretenir des armées suffisantes. de fortifier ses frontières, de préparer des générations héroïques aimant la patrie et sachant mourir pour elle.

La nation qui établit par ses mandataires des lois dans l'intérêt de tous, a besoin de magistrats pour les faire observer. Il faut une police pour maintenir l'ordre ; des fonctionnaires pour s'occuper des intérêts généraux. Il y a des chemins à entretenir, des canaux à ouvrir, des ports à creuser, des écoles à établir, tous les moyens d'instruction et de moralisation à soutenir et à développer.

Les dépenses publiques, comme les dépenses privées, sont productives ou improductives; dans un Etat bien organisé, il pourrait même n'y avoir que des dépenses productives.

Les énormes frais d'entretien des armées paraissent d'abord des dépenses improductives. Les jeunes soldats sont des bras enlevés à l'agriculture ou à l'industrie; ils consomment et ne produisent pas, dit-on. C'est une erreur; ils produisent de la *sécurité*. La sécurité ne se vend ni s'achète au marché, ce n'en est pas moins un bien inestimable, une valeur réelle. Lorsqu'on se représente toutes les horreurs de la guerre, la dévastation et l'incendie des propriétés, les rançons à payer, les deuils des familles, on trouve que l'argent dépensé à l'entretien d'une armée suffisante pour faire respecter le sol sacré de la patrie, est de l'argent placé à gros intérêt.

Au contraire, la nation qui entretient sans nécessité des armées sur le pied de guerre court à sa ruine, tout en imposant aux nations voisines un surcroît de dépenses d'armement en prévision d'hostilités possibles. Les nations sont solidaires au point de vue économique, comme les individus. Le travail empêché et le capital détruit sont un mal universel qui arrête la marche de l'humanité vers le progrès du bien-être et de la véritable civilisation.

L'ordre intérieur n'est pas moins important que la paix extérieure. Le respect de la propriété, de la liberté et de la vie des citoyens n'est bien assuré que par la puissance publique représentée par les magistrats de l'ordre judiciaire et de l'ordre politique secondés par la force militaire. Les frais d'entretien des magistrats et des gendarmes ne sont pas assurément des dépenses improductives. Sans le respect de la propriété, il n'y aurait point de travail, pas de productions parce que les stimulants de l'activité sont les besoins individuels, le désir de posséder et d'accroître sans cesse sa possession. *La propriété est de droit naturel; mais ce droit ne trouve sa garantie que dans l'ordre social.*

L'instruction et la moralité sont des forces productives dans l'individu ; l'intérêt social commande des sacrifices pour que personne ne reste privé d'instruction et de direction morale. Ces sacrifices constituent une dépense productive au premier chef.

Les routes, les ponts, les canaux, les chemins de fer, en un mot tous les travaux qui ont pour but de rapprocher les producteurs des consommateurs donnent lieu à des dépenses essentiellement productives.

Autrefois, faute de voies de communication faciles

et sûres, les denrées devaient se consommer presque sur les lieux de production. La misère était profonde dans une province, alors que l'abondance régnait dans l'autre. Le superflu des cultivateurs favorisés par la clémence du temps ou du climat n'était d'aucun soulagement pour ceux qui vivaient sous un climat plus âpre ou que quelque fléau venait surprendre. Les habitants des montagnes ne connaissaient ni le vin ni le pain de froment. Le régime alimentaire du nord ne ressemblait pas à celui du midi.

L'industrie obligée de se restreindre dans les limites étroites des besoins locaux ne perfectionnait ni ses procédés de fabrication ni la qualité de ses produits.

Les facilités de communication ont donné de l'essor à l'agriculture et à l'industrie, rendu les famines impossibles, généralisé le bien-être, enrichi agriculteurs et industriels.

Les ressources d'un pays sont placées bien avantageusement en travaux répondant à ces résultats.

Après avoir établi la nécessité et la fécondité des dépenses publiques, nous n'avons pas à démontrer la légitimité de l'impôt. *L'impôt est la portion du revenu de chacun que le gouvernement demande dans l'intérêt de tous.* Refuser l'impôt ou dissimuler la valeur imposable, c'est vouloir jouir des avantages, des bénéfices d'une association sans participer à ses charges ; c'est faillir à une dette sacrée et abdiquer son titre de citoyen.

La justice demande que personne ne soit exempté de l'impôt ; que l'impôt soit proportionnel au revenu de chacun ; qu'il ne pèse pas trop lourdement sur le contribuable ; qu'il soit employé dans l'intérêt général.

Il y a plusieurs catégories d'impôts ou plutôt plusieurs modes d'établissement et de recouvrement des taxes.

Dans l'impôt direct, la taxe est établie au nom du contribuable sur les meubles ou immeubles qu'il possède, sur l'industrie qu'il exerce. Il y a en France quatre contributions directes : la contribution *foncière,* la contribution *personnelle et mobilière,* celle des *portes et fenêtres* et celle des *patentes.*

Les *contributions indirectes* consistent en taxes portant sur la fabrication ou la vente de certaines marchandises, sur des produits étrangers introduits en France. Les droits d'octroi perçus par la plupart des villes rentrent dans les contributions indirectes. Ces contributions se confondent, pour les consommateurs, dans les prix d'achat ; elles sont proportionnelles à la consommation, et quelques-unes, facultatives. L'impôt sur les tabacs, si productif pour le *trésor*, ne pèse que sur les fumeurs. Les gens sobres se ressentent peu de l'impôt sur les alcools.

Mais la fortune des particuliers ne consiste pas uniquement en meubles et en immeubles ; les impôts de consommation pèsent plus lourdement sur les pauvres que sur les riches. Dans la recherche d'une répartition plus équitable des charges publiques, les théoriciens ont mis en avant l'impôt unique sur le *revenu*.

Dans la pratique, l'impôt sur le revenu présenterait de sérieux inconvénients et d'insurmontables difficultés d'application. Le revenu apparent n'est pas toujours le revenu réel. Le *fisc* devrait se livrer à des investigations incompatibles avec l'inviolabilité du domicile et des secrets de famille. Un commerçant dans la gêne devrait payer des impôts sans rapport avec sa situation réelle pour ne pas s'exposer à compromettre son crédit. Une famille dans une situation embarrassée devrait consentir à être taxée d'une manière exorbitante pour ne pas divulguer ses embarras. D'un autre côté, les dissimulations dans le but de se soustraire à l'impôt seraient nombreuses et souvent insaisissables.

L'*impôt progressif*, c'est-à-dire frappant inégalement le capital imposable selon qu'il est réparti entre plusieurs personnes ou réuni dans une même main, découragerait la grande industrie, tarirait la source de l'activité individuelle et compromettrait la fortune publique.

L'Etat a quelquefois besoin d'importantes ressources disponibles qu'il ne peut demander à l'impôt que par des augmentations réparties sur un grand nombre d'années pour ne pas gêner les contribuables. Par exemple : une contribution de guerre à payer, de grands travaux publics à entreprendre et à pousser avec activité. Telle est l'origine des emprunts d'Etat et des rentes sur l'Etat.

Les rentes sur l'Etat donnent lieu à des placements sûrs qui encouragent l'économie des particuliers. En outre elles font porter sur plusieurs générations des charges qui seraient trop lourdes pour une seule génération.

Il y a des emprunts d'Etat malheureusement indispensables ; il y en a d'autres qui favorisent le développement de la richesse publique.

Mais la maxime : « *Qui paye ses dettes s'enrichit,* » est applicable aux nations comme aux particuliers.

DIX-NEUXIÈME LEÇON

Institutions de prévoyance.

La prévoyance consiste dans le soin du lendemain.
Vivre au jour le jour, ne pas s'inquiéter de la maladie
dans l'état de santé, ne pas songer au chômage dans
les temps de travail abondant, oublier que la vieillesse arrive vite avec son cortège d'infirmités, c'est
manquer de prévoyance.

*L'imprévoyance engendre la misère avec toutes
ses souffrances, toutes ses tentations, tous ses abais-
sements.*

Pour ne pas compromettre l'avenir, il faut jouir
avec modération du présent. Chaque jour passé nous
rapproche de la vieillesse tributaire de l'âge de la
force, il faut que chaque jour laisse son tribut. Les
petites économies sont à la portée de tous dans les

temps ordinaires ; l'important, pour les réaliser, c'est de les mettre à l'abri des tentations des besoins factices.

Les Caisses d'épargne qui gardent les plus petites sommes et les font fructifier, sont de précieuses institutions de prévoyance. Plus on les multipliera, plus on rapprochera des déposants les lieux de dépôt, plus les bienfaits en seront considérables. Les perceptions et les bureaux de poste devenant des succursales des Caisses d'épargne leur donneront une activité nouvelle.

Les petites dépenses d'une utilité médiocre sont plus tentantes que des dépenses plus utiles exigeant une somme importante. Le franc disponible court grand risque d'être gaspillé, s'il n'est promptement mis à l'abri de la tentation ; mais le remboursement d'une somme de mille francs par la Caisse d'épargne recevra presque toujours un emploi avantageux. De nouvelles économies seront encouragées par ce résultat inespéré, et la famille épargnante marchera à grands pas vers l'aisance, sinon vers la fortune.

Les bienfaits de l'épargne sont si évidents que les Caisses d'épargne s'introduisent dans les écoles comme moyen d'éducation. *Les Caisses d'épargne scolaires* fondées ou à fonder ne doivent pas perdre de vue leur but essentiellement éducatif. *Dans l'école, l'épargne n'est rien, la bonne habitude à prendre est tout.* Pour que l'enfant qui ne gagne pas l'argent déposé, qui le reçoit généralement de ses parents, contracte l'habitude de l'économie, il faut qu'il s'impose une privation, qu'il renonce à un plaisir, qu'il fasse acte de volonté libre. S'il recevait de l'argent de ses parents en vue d'un dépôt à la Caisse d'épargne, il jouerait le rôle de simple intermédiaire et l'effet moral manquerait avec l'effort qui le produit. L'enfant a quelques sous dont il peut disposer pour se passer une fantaisie, il les verse à la Caisse d'épargne de son propre mouvement. C'est là un acte viril qui portera ses fruits s'il devient une habitude. En outre, les livrets de la Caisse d'épargne entre les mains des enfants font faire des réflexions salutaires aux parents et les gagnent souvent à l'ordre et à l'économie.

Ne craignons pas de faire des jeunes épargnants de précoces égoïstes. *La prodigalité n'est pas la générosité; la générosité consiste surtout dans le sacrifice; l'économie en est souvent l'indispensable condition. En voici une preuve frappante.*

La ville de Bordeaux, docile aux inspirations de l'éminent économiste, M. de Malarce, a beaucoup contribué, par son exemple, à la propagation des Caisses d'épargne scolaires en France (1). Dès 1875, les sommes épargnées par les élèves des écoles primaires

(1) De 1874 à ce jour, 12 000 caisses d'épargne scolaires ont été établies en France.

de cette ville s'élevaient à trente-huit mille francs.
Une inondation survint et la riche vallée de la Garonne
fut plongée dans la désolation et la misère. Des
souscriptions s'ouvrirent partout avec l'ardente spon-
tanéité qui honore le caractère national. Les petits
épargnants bordelais des deux sexes purent s'inscrire
pour la somme respectable de sept mille francs. Il n'y
a que l'économie qui puisse permettre à la générosité
des enfants de se manifester d'une manière si admi-
rable.

Malgré l'habitude de l'épargne contractée dans
l'enfance et conservée dans l'âge mûr, l'ouvrier peut
avoir de dures épreuves à traverser. La maladie et le
chômage qui en est la conséquence, ont bientôt épuisé
de faibles ressources, et le dénûment pendant la maladie est chose bien affreuse.

Pour conjurer d'aussi tristes éventualités, les travailleurs prévoyants ont fondé des *Sociétés de secours
mutuels*.

Les Sociétés de secours mutuels assurent à leurs
membres participants, moyennant une cotisation de
un franc à un franc cinquante centimes par mois, les
soins gratuits du médecin, la gratuité des médica-
ments et une indemnité pour chaque jour de chômage
résultant de maladie. La Société prend aussi à sa
charge les frais des funérailles de ses membres; elle

accorde souvent des secours à leurs veuves ou à leurs orphelins. Les avantages des Sociétés de secours mutuels sont évidents et les services qu'elles rendent, justement appréciés. Mais une Société de secours mutuels ne peut vivre et prospérer qu'autant qu'elle peut faire face à toutes ses dépenses statuaires, qu'elle n'impose pas une trop lourde cotisation à ses membres participants, qu'au lien d'intérêts s'ajoute le lien moral, le dévoûment, la fraternité.

Les calculs de probabilités ne se vérifient que pour les grands nombres. Les ressources de la Société s'accroissent plutôt en raison du nombre des sociétaires que du taux de la cotisation. Mais les Sociétés trop nombreuses manquent de lien moral; les visiteurs sont plutôt des agents de la Caisse sociale que des amis qui viennent relever le moral du malade, consoler sa famille et au besoin lui tenir lieu de famille. Le développement de la mutualité est très désirable, mais plutôt par la multiplication des Sociétés que par des groupements trop considérables.

La plupart des Sociétés de secours mutuels admettent des membres honoraires qui payent une cotisation sans bénéficier des avantages réservés aux membres participants. C'est le riche donnant généreusement la main au pauvre, le travail de vieille date encourageant des efforts nouveaux, la solidarité

entre le bien-être acquis et le bien-être à conquérir,
un gage de concorde entre tous les membres de la
grande famille nationale.

L'intervention des membres honoraires dans l'administration des Sociétés de secours mutuels aurait
des inconvénients sérieux. Ces protecteurs pourraient
être suspectés de ne prêter leur concours qu'en vue
d'une influence personnelle à exercer, d'une popula-
rité à conquérir. D'ailleurs il est bon que les membres
participants puissent se former au maniement des
affaires, prendre intérêt au succès de l'œuvre commune, porter la responsabilité de leurs actes. *C'est
le poids de la responsabilité qui trempe les carac-
tères et donne à la volonté une énergie salutaire.*

Il y a dans la vie d'autres accidents, d'autres causes
de detresse que la maladie. Une maison brûle, un
navire richement chargé sombre, le propriétaire et
l'armateur sont ruinés. Une association entre propriétaires de maisons, entre armateurs de navires, en
divisant la perte entre tous pourrait la rendre insen-
sible pour chacun. La maison brûlée, par exemple,
vaut cinquante mille francs ; si l'association compte
dix mille propriétaires, la perte n'est que de cinq
francs pour chacun. Le navire perdu vaut un mil-
lion, la perte pour chacun des dix mille armateurs
associés n'est que de cent francs.

L'association en vue des risques d'incendie ou des sinistres maritimes a pris le nom d'*Assurance mutuelle* contre l'incendie ou contre les risques maritimes.

La *prime* ou portion de perte à supporter annuellement par chaque assuré n'est pas limitée dans l'assurance mutuelle ; elle est subordonnée au nombre des sinistres.

Le rapport des valeurs assurées aux pertes éprouvées, établi pour un grand nombre d'années, a permis à des Compagnies d'assurance de prendre à forfait, moyennant une *prime fixe* annuelle pour chaque nature de risque, la réparation des dommages éprouvés. La limitation de la responsabilité des assurés a donné de grands développements à l'assurance ; ces développements produisent à leur tour la modération du tarif des primes.

L'homme étant un agent de production, la vie humaine est une valeur économique soumise à des risques susceptibles d'assurance. Un chef de famille, ouvrier, industriel ou fonctionnaire, frappé prématurément par la mort laissera souvent les siens dans la misère ou dans une gêne relative. S'il veut pourvoir à cette triste éventualité par un contrat d'assurance *en cas de décès*, la Compagnie d'assurance sur la vie qu'il aura choisie, payera à ses héritiers une somme déterminée, moyennant le service, jusqu'au jour du décès, d'une prime annuelle, calculée d'après le montant du contrat et l'âge de l'assuré.

Les Compagnies d'assurances sur la vie offrent d'autres combinaisons. On peut garantir à un enfant nouveau-né un capital pour son établissement, s'il existe à une époque déterminée, moyennant des versements proportionnels à la somme portée au contrat d'assurance. Les survivants bénéficient des versements opérés pour le compte de ceux qui n'atteignent pas l'âge fixé.

Par l'épargne et l'assurance combinées, l'homme courageux se débarrasse des craintes de l'avenir pour lui et sa famille, et se place dans les meilleures conditions possibles de bonheur.

VINGTIÈME LEÇON

Assistance et charité.

L'inégalité des conditions dérive de l'inégalité naturelle. Tous les hommes n'ont jamais été ni également forts, ni également intelligents, ni également actifs. La santé, l'activité, l'industrie et l'ordre ont toujours été et seront toujours des sources de richesse. La débilité de corps et d'esprit, la paresse, le vice ne peuvent qu'engendrer la misère.

L'état social n'a pas aggravé les inégalités de nature. L'homme isolé mourrait de faim, de froid, de misère aussitôt qu'il se trouverait dans l'impossibilité de pourvoir à ses besoins par suite de maladie, d'accident, d'affaiblissement dans ses forces, d'infirmité même légère. Dans l'état de société, la division du travail a donné à toutes les aptitudes les moyens de se produire, de s'employer utilement; la vie est possible pour tous et la misère n'est que relative.

Le pauvre en France est mieux logé, mieux nourri, mieux vêtu sous ses haillons que les chefs de certaines tribus de sauvages, que les habitants de l'Afrique centrale qui possèdent en commun d'immenses terres d'une inutile fertilité. Un bon ouvrier de notre époque jouit de plus de bien-être que les seigneurs du moyen âge.

Cela ne veut pas dire qu'il n'y ait rien à faire, dans notre pays d'égalité politique, pour diminuer la misère qui n'est que trop réelle.

Mais le bien-être ne se conquiert que par le travail et la moralité. L'instruction est le plus puissant instrument de travail, lorsqu'elle est appropriée à la condition de chacun, qu'elle permet à toutes les aptitudes de se révéler, qu'elle prépare l'enfance à la vie réelle.

L'enseignement primaire absolument gratuit continué par l'enseignement secondaire, surtout par l'enseignement professionnel, agricole et industriel; les cours du soir et les bibliothèques pour les adultes; l'enseignement à la caserne, au pénitencier et même à la prison, voilà le système d'*assistance publique* le plus respectueux de la dignité humaine.

Les écoles créent de la valeur, les dépôts de mendicité en détruisent ; les unes préviennent la misère, les autres ne font que la rendre plus hideuse. Remplissons les écoles, nous viderons les dépôts de mendicité, les hospices, les prisons.

Les hospices ouverts à l'indigence, à la vieillesse, aux infirmités incurables, n'existent que dans les grandes villes et sont insuffisants pour le nombre des malheureux qui voudraient s'y abriter.

Dans la commune rurale, pas d'hospice, ni souvent de bureau de bienfaisance ; l'école n'est même pas encore toujours gratuite.

L'assistance publique plus fortement organisée dans les grands centres de population qu'ailleurs est un appât pour les émigrants des campagnes vers les villes. Une émigration exagérée compte assurément au nombre des causes du paupérisme. Les bras surabondants font baisser le taux des salaires à la ville ; le manque de bras à la campagne fait hausser le prix des denrées alimentaires. Ces deux effets combinés amènent des misères que les ressources de l'assistance publique ne peuvent soulager efficacement. Quand les bureaux de bienfaisance ne distribuent en moyenne annuellement pas plus de vingt francs par personne secourue, on ne peut voir dans l'assistance publique un remède contre le paupérisme. Le pauvre, aujourd'hui comme de tous les temps, « *ne doit s'attendre qu'à lui-même* ». Lui laisser des illusions sur ce point, serait lui rendre un très mauvais service et retaider le progrès du bien-être général au lieu de le favoriser.

Une nation mûre pour la liberté doit être mûre pour la vérité. *En dehors du travail, de l'épargne, de la prévoyance, il n'y a que déception et misère.*

La misère imméritée qui n'est le résultat ni de la paresse, ni de l'inconduite, intéresse la société et fait naître un devoir d'assistance. Mais le dénûment des paresseux, des dissipateurs, des débauchés ne leur constitue aucun droit sur la fortune publique.

La charité, qui est une vertu plutôt qu'un devoir, leur vient en aide, leur apporte des soulagements par sentiment d'humanité ; mais la charité ne peut être pratiquée que par les particuliers.

L'Etat est avant tout le gardien de la justice, le protecteur des intérêts légitimes. Lorsqu'il a assuré l'ordre, la sécurité, la liberté du travail, de l'échange, de la concurrence ; qu'il a donné à toutes les activités, par un bon système d'éducation publique, les moyens de s'exercer utilement, il a fait son devoir.

Demander à l'Etat de remédier à tous les maux, c'est lui demander de faire la pluie et le beau temps ; de conjurer les orages et les épidémies ; d'empêcher les gelées et les inondations ; de rendre les champs fertiles sans travail ; de commander à la mort de ne plus faire de veuves et d'orphelins.

Hélas ! jamais aucun gouvernement n'aura cette puissance. *La puissance des gouvernements vient surtout de la sagesse et de l'activité des peuples.*

La lutte pour la vie fera des victimes de moins en moins nombreuses, parce que la guerre n'existera bientôt plus qu'entre l'esprit et la matière. L'esclave moderne, c'est la machine ; les forces naturelles susceptibles d'être pliées au service de l'humanité par le moyen des machines dépassent tous les besoins. *La véritable émancipation de l'homme arrivera par les conquêtes de la science, mises en œuvre par l'industrie.*

Mais nous aurons longtemps encore des malheureux. L'État les assistera par ses hospices, ses hôpitaux, ses asiles, ses subventions aux bureaux de bienfaisance. La charité privée, de son côté, ne faillira pas à son œuvre plus délicate encore. Les secours matériels ne suffisent pas. « *Toutes les aumônes ne sont pas de pain* », dit un adage populaire. Des paroles d'encouragement et de sympathie, des conseils bienveillants et discrets, une compassion sincère, donnent seuls à la charité quelque efficacité pour le relèvement moral des pauvres.

L'assistance publique, on le voit, n'est pas la charité. L'une ne peut que soulager les misères physiques ; le domaine de l'autre est principalement moral. Mais elles ont des points communs et doivent procéder dans leur œuvre humanitaire avec le même discernement.

Les secours ne doivent jamais être un encouragement à la paresse. Les pauvres solliciteurs sont moins dignes d'intérêt que les pauvres honteux. Les portes des hospices doivent plutôt s'ouvrir devant les infirmités occasionnées par l'excès de travail que devant celles qui peuvent résulter de l'inconduite. Le père chargé de famille a plus de droits à l'assistance que l'individu qui n'a qu'à suffire à ses propres besoins. Il est mieux de procurer du travail aux nécessiteux valides que de leur donner de l'argent pour les entretenir dans l'oisiveté. Les secours en nature, c'est-à-dire en aliments et en vêtements, sont plus efficaces contre la misère que les dons en argent qui peuvent nourrir les habitudes d'intempérance.

Il n'est pas bon d'entretenir les personnes secourues dans la confiance d'une assistance régulière et continue, de leur donner la sécurité des rentiers. *Cette sécurité serait funeste, comme destructive de tout ressort moral et comme exemple d'un capital qui n'aurait pas son origine dans le travail.*

En Angleterre, *la taxe des pauvres, qui est la consécration du droit à l'assistance*, avait accru dans des proportions alarmantes le nombre des assistés : le paupérisme grandissait avec l'abondance des secours. Il a fallu recourir aux restrictions, aux *maisons de travail*, qui sont presque des prisons. *L'assistance légale n'a pas amélioré le sort des pauvres.*

La taxe des pauvres, qui est un impôt improductif, diminue le capital circulant, enlève par conséquent du travail aux ouvriers laborieux et augmente la misère. *L'assistance, de son côté, diminue moralement celui qui est assisté.*

Mais la charité grandit celui qui l'exerce sans ostentation, par humanité, par bonté d'âme.

La vanité peut tout corrompre, même la charité. Nous avons connu une personne qui faisait venir cinquante pauvres à sa porte un même jour de la semaine, pour leur distribuer à chacun deux sous. Cinquante pauvres à une porte produisent de l'effet dans le voisinage. Mais payer deux sous pour cette représentation, ce n'était pas assez, et la personne en question était, à notre avie, débitrice de ses pauvres.

La véritable charité s'oublie, ne considère que la souffrance des pauvres et n'a d'autre but que leurs intérêts bien entendus.

La vulgarisation des principes essentiels de l'économie politique peut contribuer à diminuer la misère, à augmenter le bien-être, à faire respecter les lois fondamentales de toute société, qui sont la liberté du travail et l'inviolabilité de la propriété.

Si nos leçons succinctes sont utiles, nous serons suffisamment dédommagé de notre peine.

TABLE DES MATIÈRES

SAINT-CLOUD — IMP. DE Mme Ve E. BELIN

www.ingramcontent.com/pod-product-compliance
Ingram Content Group UK Ltd.
Pitfield, Milton Keynes, MK11 3LW, UK
UKHW021529090726
13657UKWH00001B/496